방황해도 괜찮아

不要害怕
彷徨

[韩]智光 著　青空 译

广西科学技术出版社

目 录

第一个故事　　梦想为什么不停地变

很多人不停地改变自己的理想，是因为他们只想着现在做什么才能比别人赚到更多的钱。他们在一个公司就职的时候，往往会因为另一个公司给的薪水更高，就立刻辞职，过了一阵子有更好的机会，他们又会跳槽。他们成了金钱的奴隶，终生都在为金钱出卖自己，被金钱左右。

第二个故事　有时，你可以彷徨

即使已经对未来有了明确的规划，但有时也会对自己的选择产生"我选择的道路真的是正确的吗"之类的疑问。

第三个故事　在人群中问路

通过研究人的心理可以更好地理解别人，误认为每个人的想法都和自己一样，是一件十分危险的事情，但认为每个人的想法都千差万别，无迹可寻也是错误的。每个人的想法都有共同性和差异性，只有充分了解这点，人际关系才能和谐。

第四个故事　永远幸福下去

虽然下定决心"一定要与一个人白头到老"，但是不到三年你们就分手了，因为你对对方的要求太高。不要变成一个像口香糖一样当断不断的人，喜欢对方就大胆地说出来，但不要"因为我喜欢你，所以你也要喜欢我"，婚姻和爱情都不是交易。

 **在青春的道路上奔驰**

　　在人生的各个阶段，会有各式各样的烦恼。对于幼儿园的孩子来说，背诵字母、学习写字就是人生最大的烦恼了，到了小学，又会烦恼该怎么记忆九九乘法表。学生烦恼的是学习，而年轻人烦恼的则是恋爱和就业。成年以后，烦恼就会烟消云散吗？不会的，无论是职场还是社会生活，抑或是家庭关系，都会带给人无穷无尽的烦恼。等到事情过去以后再回头想想，又会觉得当时烦恼的问题其实微不足道，可惜当时未能醒悟。

　　即使在人生的同一个阶段，每个人的烦恼也不尽相同。大家都会觉得别人的烦恼不值一提，而自己的烦恼却比地球毁灭还要恼人。但也许在别人听来，自己的烦恼也只是过眼烟云。这就是人生。

　　年轻人见到我的时候，总会说"大师，我真的很苦恼"，然后迫不及待地向我倾诉他们对于恋爱、工作和未来的彷徨。年轻人总以为只有他们自己才有这些烦恼，这些烦恼让他们恐惧和绝望，仿佛世界即将毁灭。事实上，世界上的每一个人都有这样的烦恼。大家都在烦恼着与恋人之间的恋爱问题，与上司之间的分歧问题，对公司的不满问题，对未来的迷茫不安，以及要不要继续备考等等。在我们未来的人生道路上，还有数不清的烦恼等着我们。

年轻人在面对选择的时候，会烦恼到底选择哪一个比较好。其实，选择任何一个都没有错，重要的是要对自己的选择负起责任。例如，选择结婚还是单身并没有孰优孰劣之分，重要的是一旦决定结婚，就要对婚姻负起责任。

人们常常过分地关注选择本身，而忘记了选择所带来的责任。如果缺乏责任心，就会在面对选择的时候陷入困境。现在我们所经历的每一天的生活，是非常宝贵的人生历程。如果自己的选择遭遇了失败，就反省之后重新出发。即使再次失败，也可以在分析和思考失败的原因之后再次挑战。

大家回忆一下初次骑脚踏车的经历吧。为了能够不依赖别人的帮助，独自骑着脚踏车前行，我们付出了多少努力？在一次次跌倒爬起的过程中，我们学会了掌握平衡，稳步前行。只有这样经过无数次的失败和练习，我们才有可能成熟起来。在一次次跌倒和受伤的过程中，我们开始熟悉骑脚踏车的要领。这个过程浓缩了无数宝贵的人生经验。

从脚踏车上摔下来的时候，如果坐在地上想"我为什么会摔下来，为什么学不会"，就会产生挫折感和绝望感。这种挫折感和绝望感的产生，是由于心中有贪念，期望不付出努力就得到一切。失败和困难并不是沉溺于挫败感和绝望的理由。要知道，失败乃成功之母，因为重复失败和不断练习的过程，能够帮助我们领悟成功的秘诀。

世界上绝对没有免费的午餐。但是有许多人会忽略人生旅途中的练习和挑战，期望不经历失败和反复就得到结果。如果这个结果不尽如人意，就会产生挫败感和绝望感，哀叹时运不济，让周围的人也跟着受苦。如果能够将失败理解为经验的积累和练习的过程而不是绝望，对每一个结果负起责任，那么无论结果如何，都能够让自己和周围的人体会到自由而幸福的人生。

但愿每位年轻人都能够不畏失败，勇敢地在青春的道路上奔驰。

智光

梦想为什么
不停地变

结婚以后幸福就会不请自来的想法，

完全是空穴来风。

要想在婚姻中获得幸福，

必须依靠两个人共同的努力，

一起制造幸福。

犯了错误就道歉，不知道的东西就问，

以这样的态度挑战，改正，挑战，

失败，改正，研究，再挑战……

只要这样坚持下去，

就不会绝望，也不会失望。

相反，坚持不懈的挑战能够培养

积极的生活态度。

人生是由每一个细小的瞬间组成的。

离开了这些瞬间，人生也将支离破碎。

明天是无法预知的，

因此，要把握现在，活在当下。

让自己过上幸福而自由的人生是一种责任。

无论机会的多与少，
我都会努力抓住。只要还年轻，
就有挑战一切的机会。
无论成功与否，
通过研究和挑战得到结果的过程本身，
就是一种幸福。

决定挑战的时候就拼尽全力。

如果结果不尽如人意，就再尝试一次。

但更多无谓的努力

则是一种浪费。

为什么人们总是先考虑到恋爱，

而不是多结交朋友呢?

与恋爱相比，结交朋友更为重要。

如果在结交朋友的过程中产生了恋爱的感觉，

就可以开始一段浪漫的恋情了。

我们的梦想为什么不停地变

"大师，成功是什么？"

经常有年轻人问我这个问题。只要是对未来感到忐忑不安的年轻人，都会有这种苦恼。

"两年前，我给自己定下了在30岁之前拿到3000万韩元年薪的目标。但是大约过了一年，对职场生活充满了不安的我，觉得安稳地做一名税务师是更好的选择，于是我开始准备税务师考试。准备了一段时间后，我又觉得鉴定评估师更有前途，于是一个月前，我又开始了鉴定评估师的学习。两年前我辞掉了公司的工作，目的就是为了专心备考，可是现在我自己都不知道我想做什么事了。"

每个人都会遇见的问题

十个人，就有十个成功的标准，每个人心目中，成功的标准都不一样。这是因为想要从事的工作不同，决定了每个人成功目标的差异。所以，自己的成功只有自己知道，他人是无从知晓的。虽然我会和诸位分享你们的烦恼，但是这终究是你们自己的问题。我能做的只是和你们共同探讨。

"你认为成功就是通过鉴定评估师考试吗？没有通过考试就意味着失败吗？"

"我已经下定决心，如果这次没有考上就会再接再厉。"

"如果连考五次都没有合格，你会怎么办呢？"

"如果失败了五次……从目前的情况来看，即使真到了那时候，我也会继续考下去的。因为我一定要成功！"

此时此刻，抱着同样的苦恼坐在图书馆或者学校的书桌旁刻苦学习的人应该不在少数吧。

"那么如果考试合格了，成功了以后，你想做什么？"

"我想找一份好的工作，然后赚钱。"

"赚很多钱以后呢？"

"虽然我还没有仔细地思考过这个问题，我想我会先买一套更好的房子，然后享受富裕的生活。"

"更好的房子是指更大更宽敞的房子吗？"

"并不一定是这样吧……好像是即使不把别人比下去，也要和别人享受同样水准的生活。"

这个回答真是模棱两可。

你现在的努力是为了什么

每个人都有自己的人生目标。请用上面的问题，问一下向着目标前进的自己吧，你想要的究竟是什么。

很多时候，当我们问孩子"你的愿望是什么"时，他们会回答"好好学习"。那么好好学习是为了什么呢？当然是读好的大学了。

读好的大学是为了什么？为了找一份好的工作。

那找一份好的工作又是为了什么呢？为了赚很多的钱。

赚很多钱以后要做什么呢？买舒适的房子，成家立业……

我让那个向我倾诉苦恼的青年问一问自己，如果实现了自己设定的人生目标，接下来你会做什么？从中你能得到什么？

他的回答是："当然是幸福地生活了。"

是啊，我们此时此刻的努力，都是为了可以过上幸福的生活。但是，我们一直努力下去，每个人就都能过上幸福的生活么？可能很多人到死都无法好好地品尝幸福的滋味吧？

幸福是什么？我认为，幸福就是对当前状态的满足。

既然我们的幸福唾手可得，何苦还要让自己南辕北辙，最后穷尽一生也体会不到幸福的滋味呢？这样实在是愚不可及啊。因此，只有学会知足才会变得幸福。

从现在起，抛开心结，忘记他人的目光，你就能够享受自由的感觉。任何人都可以立刻享受到幸福和自由，你又何苦为了得到它们而浪费时间和精力，在后悔中死去呢？

拥有正确看待事物的眼光更重要

现在，让我们来思考一下，我们的梦想为什么会不停地变化？

这就和那些这一刻听说教堂很灵就去教堂向神父许愿，下一刻又跑到寺庙里在佛祖面前祈福的人一样。这些人并不在意他们去的是教堂还是寺庙，他们关心的只是怎样才能赚到更多的钱。

换句话说，很多人不停地改变自己的理想，是因为他们只想着现在做什么才能比别人赚到更多的钱。他们在一个公司就职的时候，往往会因为另一个公司给的薪水更高，就立刻辞职，过一阵子又有一家公司给出了更好的机会，他们又会马不停蹄地跳槽。他们成了金钱的奴隶，终生都在为了金钱出卖自己，被金钱左右。

因此，拥有正确看待事物的眼光比任何事情都重要。睁大眼睛，你会发现幸福和自由就在这里，就在我们身边。

"那么，学习是快乐，还是痛苦呢？"

"哪有把学习当乐趣的人呢，学习只会让人感到痛苦。"

很多人都会这样回答，但对于把学习当作是苦差事的人来说，通过考试也是件幸福的事情。

那么只有通过考试，学习才会是件幸福的事情吗？不是。考试合格是幸福的，但是，学习是个苦差事。这句话就像是说，登山的过程是辛苦的，登上山顶一览众山小才是幸福的。众所周知，并不是只有登上山顶才算是登山。虽然说，登上山顶是件值得高兴的事情，但即使中途返回也不算是失败，因为运动只要尽自己所能即可。一个人认为学习本身没有乐趣，只有考试合格了才有乐趣，就是因为不看重过程，只专注于结果。

试想一下，考试是为了什么？

考试是为了具备想干某件事所要求的一定水准的技术或是知识，因此学习是为了获得某种技术或是资格。通过考试意味着达到了要求的水平，没通过说明实力不够，需要继续努力。

一个人如果能够像这样积极地思考问题，他就不会有那么多苦恼了。人们的大部分苦恼并不是来自考试，而是来自不正确的学习态度。学习不是为了通过考试，而是为了满足自己内心的需要。

这样想的话，学习就不是一件勉强的、义务性的事情了，而是为了自己的人生所做的不可替代的选择，这样的学习不是痛苦。一个人如果可以自觉地选择比喝咖啡、玩电脑、约会更有趣的学习，那么不仅学习效率会提高，而且能够在毫无压力的情况下，享受学习的过程。

20岁后按父母意志生活的人是傻瓜

　　我遇到了一个年轻人，从高中时期起，他从来没有对任何事物产生过兴趣，也从来没有对未来抱有过希望。因此，虽然他只有二十出头的年纪，却常常对生活感到无力和厌倦。

　　这种无力应该从过去寻找原因。

　　"我从小学开始就喜欢美术，因此上高中前，我想继续朝这个方向发展。但是父母非常反对，我也开始怀疑自己是不是真的有这方面的才能，开始对自己缺乏信心。因此，我还是和其他人一样上了高中，学习同样的东西。虽然我对任何事情都没有热情，但这并不代表我会对别人交给我的事情敷衍了事。我一直在努力学习，但我只是在机械地做着我该做的事情。现在我想请教大师，是不是因为我总是在做自己不喜欢的事情，所以现在我什么都不想做了呢？"

　　"你现在学习什么专业？"

　　"国文专业。"

　　"你对文学不太感兴趣吗？"

　　"嗯，没什么兴趣。"

"呵呵，原来如此。那么你是不是想转到你喜欢的美术相关专业呢？"

"说实话，我上高中前就放弃了学习美术专业的想法。现在，我只想努力做好我应该做的事情。"

在这位从学生时代开始就机械地做着应该做的事的年轻人口中，"努力"到底是什么呢？

"你现在还喜欢画画吗？你能够在绘画中感受到乐趣吗？"

"是的，我还是喜欢画画，并能从中获得乐趣。"

"那么，你就在学习国文专业的课余时间画画吧。上学的问题只要不留级，能够顺利毕业就行，其他时间请坚持画你喜欢的画吧。"

"但是大师，我是一个非常诚恳质朴的人，因此我一定会努力学习。用敷衍的态度上学我可做不到。"

"我是希望你在认真上学的同时从绘画中寻找快乐，而不是以其他的方式拯救你颓废的心灵。"

去做能带给你乐趣的事情

绘画是你喜欢的，能够带给你乐趣的事情，你应该自然地去做这件事。找到一个跟学习不同的转换心情的方法，至少能够给你无力的心带来一点点生机。如果放任你现在无力和无聊的状态，说不定你会因为患上忧郁症而不得不接受精神治疗。

如果父母还是一如既往地反对你画画，你也不用太在意。即使父母扔掉你的画布，你也可以将画布拾起来，告诉他们："是的，我知道了。"然后继续作画。这并不是出于对父母的怨恨，也不是因为畏缩和胆怯，因为画画是你唯一想做和喜欢做的事情。如果父母给你零用钱买衣服或者书包，你可以用来买美术材料，然后对给你钱的妈妈解释："妈妈，我随便穿什么都可以，但是我一定要画画。我会按照妈妈的要求认真学习，但是在学习的同时，我不会放弃画画。"无论周围人说什么，你都要坚持做自己想做的事情，同时安排好自己生活的重心就可以了。你可以这样反驳不支持你画画的妈妈："我并不是在做什么坏事啊，我既没有酗酒，又没有偷盗，更没有杀人放火，也没有说谎骗人，我只是想要画画，这到底有什么错呢？"

请安排好你生活的重心，然后把绘画当成兴趣，并坚持下去。当你从国文专业毕业，步入职场之后，你依然可以在工作的空闲时间按照自己喜欢的方式画画。不要在意别人的评价，也不要期望获得别人的认同。如果实在画了太多，可以送给身边的人作礼物，或者只收取纸张和颜料的费用低价出售。长此以往，你会发现绘画成了带给你自豪感的重要途径。10年20年之后，你也可能成为一个知名的画家，因为你的画作中注入了你的灵魂，饱含着生命力。

只要拥有热爱，就可以有所建树

并非一定要进入美术大学才能画画，而且美术大学也没有那么完美，因为一旦把美术作为专业，就很容易把绘画当成摇钱树，从职业性的角度去看待它，而不是出于单纯的喜欢，这样就很难画出优秀的作品。用技巧堆砌出来的、作为赚钱工具的作品，很难称之为艺术。因此，请不要认为自己学了国文专业，再进入职场，就将与艺术失之交臂。不要用这种非此即彼的思维来看待事物。只要有一颗热爱艺术的心，在任何情况下都可以有所建树。

当然，我并不是想让他对学校的学习敷衍了事，我只是希望他不要勉强自己去做不喜欢的事情。我们的人生中总会遇到一些求而不得的事情，也会遇到一些不得不做的事情。例如，即使你想杀人放火，你也不能这么做，而当有人溺水的时候，即使拼尽全力，你也应该援救他们；即使你想偷盗，你也不能这么做，而当你看见不幸的人时，即使负债，你也应该帮助他们。

从这个意义上来说，如果你很反感国文专业的学习的话，你完全可以放弃，因为这并不会对这个世界造成任何危害。不认真学习可能引发的后果，仅仅是你的成绩可能略有下降。你对美术的梦想和热爱也不会对别人造成影响，只是需要付出一些时间和金钱。只要把握了这些原则，过了二十岁，你就完全不必在意父母的想法，而是可以做自己想做的事情了。

20岁后按父母意志生活的人是傻瓜

"你小的时候与父母的关系如何？"

"父母对我的管教很严格，因此我从小就习惯服从他们。我似乎是一个谨小慎微、胆怯畏缩的孩子，性格有些消极。"

童年时期，父母为什么要阻止你做你想做的事情？我们来反思一下父母这么做的原因吧。父母是为了折磨你才这么做的吗？还是想要好好养育自己的子女才这么做的？显然，从父母的角度来看，他们是为了让你一帆风顺地成长才这么做的。他们试图以自己的人生经验，阻止想要误入歧途的孩子。这位朋友对美术的追求，以及其他很多人的梦想，都是由于相似的原因遭到父母的反对和阻挠的。但是，我们很难怨恨阻止我们追求自己喜欢的事物的父母。与怨恨相比，也许我们更应该对父母表示感谢。

二十岁以后依然按照父母的意志生活的人，绝对是一个傻瓜。怨恨父母童年时期阻止自己追求喜欢的事物，导致自己无法实现梦想的人，也是一个傻瓜。我们应该克服对父母反对自己追求梦想的怨恨情绪，对养育自己的父母怀有感恩之心。但是，二十岁以后你就是一个成年人了，你没有必要继续按照父母的意愿生活。

当然，父母还是会一如既往地对你的生活进行诸多干涉。但是，你现在可以自己赚钱上学吗？你是不是还在吃着父母准备的饭菜，住在父母的房子里，接受他们支付的学费和生活费呢？当你想要彻底脱离父母和子女关系的束缚的时候，请想一想他们作为后援，对你的生活提供的各种必要的支持，然后包容一下他们对你的干涉吧。当父母责骂你的时候，请理解他们的心情，告诉他们"是的，知道了"，然后继续做好自己喜欢的事情。如果他们抱怨你口是心非，阳奉阴违，请告诉他们"对不起，以后会改正的"。

但是，我们不能让父母的干涉影响我们的整个人生，因为我们并不是为了父母而活，而是为了自己而活，我们要走的并不是父母走过的道路，而是自己寻找的全新的道路。即使面对父母的责骂，也请说一声抱歉，然后继续追逐自己的梦想，这样才能掌控自己的人生，而不再被父母的干涉所影响，收获自己选择的结果。

站在父母的立场来看，他们为了子女的成长付出了最大的努力，因此像这位朋友一样因为父母而痛苦的情况，简直是匪夷所思。父母才是最委屈的人。

在成为圣人或者伟人的道路上，谁才是最大的敌人？第一是父母，第二是妻子或者丈夫。佛祖二十九岁出家的时候，他的父母是赞成还是反对呢？安重根在哈尔滨火车站刺杀伊藤博文的时候，他的父母是赞成还是反对呢？尹奉吉在日本天皇的生日典礼上投掷炸弹的时候，他的父母是赞成还是反对呢？

也许这么说有些武断，但是如果他们服从了父母的安排，那么他们可能都不会成为伟人。如果子女不听自己的话，作为父母也不要太伤心，应该想"也许我们的孩子也会成为一个大人物呢"。

不要在意父母和周围人的意见

孩子在童年时期，都会受到父母温暖的照顾。现在的父母对孩子的照顾，较之以往有过之而无不及，因为过去的父母对子女通常采取放养的态度。青春期之后，就应该培养子女的自立意识了，而不能像小时候一样，把子女当宠物一样捧在手心。这样下去会造成孩子不会交朋友，不会自己找工作，什么都要依赖别人。这完全是父母的失职造成的，这不是爱。父母对子女的爱是童年时期的温暖，青春期的看护以及二十岁以后冷静的放手。

爱要随着具体情况的变化而变化，如果不了解这一点，很可能付出了心血和努力，却无法成功地培养一个孩子。不仅如此，错位的爱伤害的不仅仅是孩子，所谓因果报应，父母本身也一定会受到惩罚。想想父母为子女承担责任的问题就知道了。现在的父母要一直照顾子女，为他们负责，直至自己离开的那一天。在过去，大家经济困难，而且通常会生七八个孩子，生活十分艰辛。等孩子们到了十七八岁就去别人家里帮工或者做些别的工作，既要养活自己，又要孝敬父母。这就是用不干涉子女的教育方法成功培养孩子的例子。

目前，我通过印度的苏吉达学院参与了一项帮助儿童的活动。这些孩子从小受到父母的歧视，过着艰辛无助的生活，没有条件去学校接受教育。这些孩子到了中学就已经可以作为成年人生活了。为什么呢？因为他们从小就得不到父母的照顾，也不会有人干涉他们的成长，因此他们很快就能成长起来。随着身体的发育，他们需要独自承担自己的生活。到底哪一种才是更好的教育方法，其实我也很困惑。

当然，我并不是让你不分青红皂白地反驳父母的话，与父母争执。我是希望你坚信自己想要做某件事的时候，不要在意父母和周围人的意见，倾听自己内心的声音。也许你会对善意地反对你的父母心存歉疚，但你只是在坚持你自己的选择。父母的反对是他们的想法，你的人生是你自己的，因此你应该坚持走你自己的路。如果能够努力处理好家庭关系，你在社会生活中与其他人的人际关系也会比现在更好。

即使有人陪伴在身边，我依然很孤独

"我一上大学就开始谈恋爱了，因为我不想一个人辛苦地面对一切，总是想找身边的人帮忙。有时会怀疑，自己疲惫的时候，是不是潜意识地在依赖别人。我很想改变自己，今后凡事要依靠自己的努力而不是事事依赖别人，但总是不能下定决心。我希望即使身边没有可以依靠的人，我也可以过得很好。我该怎么做呢？"

当自己不完整的时候

有人说，人都是不完整的。通过结婚找到自己的另一半，才能成为一个完整的人。但是，两个不同的人合在一起，中间必然会产生种种分歧，因此即使是伴侣之间，也要永远保持独立性。因为如果有一天一方发生了变故，那么另一方又会变成孤单的一半。所以说，人生既不会有永远的幸福，又不会有彻底的自由。

人要设法让自己变得完整，变成一轮满月，当一轮满月遇到另一轮满月的时候，两者合二为一，就会成为亲密无间的整体。当其中一方消失的时候，剩下的依然是一轮满月。因此，人一定要独立。

那么，独立是不是意味着不需要另一半？并不是这样的。如果因为自己的不足而需要对方，就会产生依赖感。因此，这里所说的独立，是不能因为自己的不足而寻找另一半。

如果自己足够优秀，那么与对方在一起之后，也可以给对方提供帮助。因为自己足够完整，就没有什么要依赖对方的地方，相反，可以成为理解对方、帮助对方的人。当自己不够完整的时候，需要对方来帮助自己，因此很容易对对方产生依赖。但是在日后的生活中，期望越大，失望也会越大。这种失望反而会让自己陷入痛苦中。

依赖他人的心理是每个人的心魔

如果抱着一遇到困难就向伴侣求助的心态进行恋爱，就很容易陷入以下几种困境之中。首先，在遇到困难想要寻求周围人帮助的时候，有很大的几率遇见的是比自己年长的人。希望找寻值得依靠的对象的人，即使心目中的理想对象与自己年龄相仿，也会认为可以依靠的人更有魅力，进而产生好感。尤其是遇到经济上的困难时，能够提供帮助的通常是年长的人。在与同龄人交往中很容易产生的争吵问题，在与年长的对象交往中，也能轻易地化解。因为即使自己任性妄为，对方也会给予宽容。

但另一方面，引起两人之间矛盾的因素也不会少。也许自己已经对照顾自己的人产生了好感甚至爱慕，但对方仅仅是出于同情而施以援手，从未想过将自己看作是恋爱的对象。

如果与能够依靠的人相爱并结婚，虽然可以一辈子都依靠对方，但也很容易形成一种上下级关系。夫妻之间最好是一种平等的关系，但如果因为年龄差距较大，或者一方过于依赖另一方，则很容易产生上下级关系。如此一来，年长的男性很难做到仔细聆听年轻妻子的话。虽然妻子得到了照顾，却很难获得真正与丈夫交流、沟通的机会。

年轻的时候，人们很容易因为别人伸出援手而产生爱慕之心，进而与之交往，但是随着年龄的增长和心智的成熟，会更期盼能够与对方交流，会因为无法缔结一段同舟共济的感情而感到失落。选择帮助自己的男性做丈夫的时候，一定要做好无论丈夫说什么都只能回答"是"的心理准备，要接受丈夫同时扮演着父亲的角色，放弃对那种相濡以沫的伙伴关系的幻想。如果一开始就明白这些，却因为对方能够提供依靠和帮助而选择了对方，日后如果幻想能够成为朋友般的关系，只会引发矛盾和争吵。

如果是两个完整的人遇见了对方，关系则会更加和谐。婚姻不再是束缚对方的牢笼，而是能够让两个人都更加自由的合作关系。

在现在的婚姻生活中，我们给对方的常常只有束缚。因为婚姻，我们不能做自己想做的事，不能行侠仗义，不能修身养性。如果婚姻生活的出发点不对，那么整个人生就会在相互的束缚中度过，而被束缚的人会产生从家庭生活中逃离的想法。

人们时常感到孤独，就是因为无论遇到什么人，只要跟那个人一起生活就会感到被束缚，进而对对方厌倦。如果矛盾加深，甚至会产生分开的想法。人心多变，虽然一起生活时觉得厌烦，但若真的因此分开，又会觉得孤独，然后又去找下一个人，一起生活之后又感到厌倦……如此一直彷徨下去。

我们应该清楚地认识自己的心态并做好准备，而不是纠结于自己做的是对是错。

"我虽然想要像大师说的那样，无论身边有没有另一半都让自己过得幸福，但是另一方面，我又很想要依赖别人。"

依赖他人的心理是每个人的心魔，很难避免。但是不能任由这样的心态发展。依赖他人的心理是不知不觉产生的，并不受自己主观意愿左右。但是要知道，如果放任这样的心态，最终反而会束缚了自己。而人们一旦受到了束缚，就会渴望自由。

什么样的选择，就有什么样的结果

在做出选择的时候预测"如果做出了这样的选择，今后可能会有这样的结果"，这其实就是佛教中所说的"接受果报"。

因此，要适时转变自己的心态，告诉自己束缚也并不是一件坏事。能够被丈夫束缚也是件幸福的事，因为"一旦结婚就只能在这样的束缚中度过此生了"。如果抱着这样的想法，那么婚姻就不再是束缚，而是保护了。

例如，家庭给了我们温暖的拥抱和周全的保护。但另一方面，家庭也可以理解为是一所监狱。故乡也是如此，既是保护，又是牢笼。父母在无微不至地照顾我们的同时，也会对我们唠唠叨叨，指手画脚。

如果讨厌牢笼的束缚，我们可以离开故乡，成为一个游子。没有了束缚自己的人，每天自由自在，但这时又会觉得孤独，因此又会再次回到曾经逃离的故乡。在故乡生活，难免要考虑到父母、兄弟、亲戚、同学、发小、邻居等人的眼光。等到我们忍无可忍的时候又会再次离去，成为游子之后因为孤独，又会回到家乡。

我们的人生就是由这样不断的彷徨组成的。独身一人时会孤独，两个人在一起又会觉得厌烦，无论如何选择都会产生问题。解决的方法就是努力让自己独身一人也不感到孤独，与伴侣朝夕相伴也不感到厌烦。

如果自己可以成为一个人格健全的人，那么即使孤身一人也不会觉得寂寞，与伴侣在一起的时候也能够相处融洽。两个人之所以能够相处融洽，最重要的就是学会对对方无欲无求。而一个人能够不感到孤独，也是因为自身足够强大，对他人无欲无求。

让自己有独立生活的能力

"我一个人生活也并不觉得有什么缺憾，是不是我可以一直独自生活下去了呢？"

是独自生活，还是与他人共同生活，完全可以自由选择。但问题是，大多数人面对的并不是既可以选择独自生活，又可以选择共同生活，而是只能选择其中一样的尴尬境地，或是哪一样都无法选择的糟糕境地。

如果我具有依赖他人的人格，那么我会认为被人束缚的生活完全是咎由自取。越是习惯稍有不顺就向身边的人求助的人，越容易被人束缚。如果不想过这样的生活，就要改变自己。

越是孤苦无依的时候，越应该避免依赖他人。

孤独是因为自己关上了心门，而不是因为没有他人的陪伴。只有明白了这一点，才能从孤独的深渊中走出，才不会因为孤单而依赖他人。我认为，因为自己没钱而找一个有钱的男人，或是因为孤独而找一个能够陪伴自己的人，都是自私的。出于自私与对方在一起，一定会有报应。不懂得考虑因果报应的人，通常过着愚蠢糊涂的人生。

如果自己对对方挑三拣四，直到对方符合自己的条件才与对方结合，那么对方也一定会以同样的方式挑剔自己。在与男性交往的时候，女人通常会考量对方的潜力如何，身体是否健康，是否能够抵御其他女性的诱惑只爱自己。哪怕表面上看起来与伴侣亲密无间，但心中还是会默默掂量。

当然，男人也有着相似的考量。如果自己有所求，对方也必然有所求。而结婚以后对对方的期待往往会以失望告终，对方对自己的期待也是如此。这不是夫妻一方的问题，而是双方都要面对的问题。因此，要学会理解对方，而不是以自己的期待要求对方。同时，也要理解对方对自己的期待，当对方失望的时候，承认并接受对方失望的理由。对对方失望的时候，如果能够认识到这并不只是对方的问题，而是自己对对方的期待过高所致，就能够轻松地解决问题。

为了控制自己那颗总是想要依赖别人的心，有必要进一步提升自己。我们要做的不是祈祷"让我遇见一个好男人吧"，而是努力提升自己，让自己有独立生活的能力。

大学一定要谈一次恋爱吗

"都说大学期间至少要有一次刻骨铭心的恋爱经历，但我到现在还没有这样的机会。也许是因为大三阶段的压力太大了吧。我虽然下定决心在毕业之前一定要谈一场恋爱，但另一方面，我又觉得现在还不是思考这些问题的时候。"

"居然还有大学期间一定要谈恋爱的法则？大学期间要做的事情数不胜数，可以去做志愿者，也可以花上一周的时间周游全国啊。"

"哦，这些事我全都做过了，唯独没有尝试过恋爱。"

交朋友，还是谈恋爱

为什么人们总是先考虑到恋爱，而不是多结交朋友呢？与恋爱相比，结交朋友更为重要。如果在结交朋友的过程中产生了恋爱的感觉，就可以开始一段浪漫的恋情了。当然，可能会遇到自己喜欢的人不喜欢自己，或者喜欢自己的人自己没有感觉的情况。如果常常这样阴差阳错，那么只能继续前行了。如果从一开始就下定决心"我一定要谈一次恋爱，无论对方是谁"，那么就会陷入结果主义的泥潭。

人与人见面之后，会自然地互相尊重，并建立一定的人际关系。如果有人抱着"我一定要跟你在一起"的想法接近你，是不是想起来就会觉得恐怖呢。这无异于将对方看作是自己达到目的的手段，而不是一个活生生的人。

所以，初次见面的时候，应该抱着互相了解的心态，而不是抱着恋爱的目的。无论男人还是女人，都可以试着了解为什么异性的生活态度、看重的东西、生活习惯和价值观与自己不同。等到熟悉一些以后，就可以找到与自己气场相近、沟通愉快，并且有可能产生爱慕之情的人。进一步发展之后，就会产生与对方共同生活的愿望，并过渡到结婚的阶段，完成交往的整个过程。这才是以开放的心态正确地生活的方式。

人际关系和恋爱都需要练习

另外，无论是人际关系还是恋爱都需要练习。例如，想要掌握一项运动就应该去运动场找一个伙伴一起练习。可以根据投球的命中率进行相应的练习，通过反复的练习，技术必然会有所长进，进球的几率也会随之提高。

在面对爱情的时候犹豫不定，通常是因为预想到了爱情的结果，又想要回避应该承担的责任。对于人际交往，不应该抱有恐惧心理。如果遇到有好感的人，可以先与对方交谈，一般对方都会痛快地回应。

有些人在对方主动与自己交谈的时候可以愉快地应答，但自己却不知道该如何打开话题。性格胆小内向的人常常抱怨自己即使话到嘴边，也不知道该怎么表达出来。对于这些人来说，唯一的方法就是不断练习，尝试主动与他人交谈。一开始的时候会很困难，但几次之后就会习惯了。

那些个性谨小慎微不懂得表达自己的人，在喝醉酒之后很可能不自觉地对爱慕之人告白，第二天却一点印象也没有。因为借着酒劲，他们可以把清醒的时候说不出口的话一吐为快。目睹了这些平时性格文静，不爱说话的人喝酒之后侃侃而谈的情景，你就会知道他们平时在心里藏了多少话了。这些话借着酒劲说出来的时候常常不断重复，而且像滚雪球一样越说越多。

有这种习惯的人应该摆脱对酒精的依赖，训练自己用语言表达内心的能力。平时沉默寡言的人，经常会给别人留下善良乖巧的印象，殊不知，越是惜字如金的人，越是心思缜密。相反，平时大大咧咧的人，反倒没什么心机。而平时越是沉默内敛的人，越有可能做出惊世骇俗的举动，因为压抑的情感会在一瞬间爆发出来。

平时有些忧郁，喜欢独处的人，应该努力让自己学会走出去。只有与他人形成良好的人际关系，交流想法，才能改变和触动自己。在我们的生活中，积极的心态会为我们指引出正确的方向。

有很多人因为胳膊或是腿有残疾，又或是失明而感到绝望。虽然身体有缺陷，但是这些只会给我们的生活造成不便，而不是障碍。相比之下，精神上畏缩不前的问题，比身体上的障碍更难治愈。

失恋是爱情道路上必经的一站

每个人的人生应该由自己做主。即使对方背叛或者离开，自己的人生也不会被他影响。在身处逆境的时候，主要能找到内心积极的力量，所有的伤痕和痛苦都会烟消云散。

分手的时候，不要埋怨对方背叛了自己。人有悲欢离合，此事古难全。我喜欢你是我的自由，而你喜不喜欢我，则是你的自由。在爱情中如果计较得失，认为自己付出的更多，就会觉得对方背叛了自己，怒不可遏地质问对方为什么这么对自己。越是如此，自己的人生就越是充满了不幸，甚至崩溃瓦解。这种伤害并不是由对方的背叛造成的，而是自己造成的。

因此，爱情不需要算计。失恋是爱情的道路上必经的一站。分手的时候，请积极地面对，并对对方说："与你在一起的这段日子很开心。因为你，我懂得了人心善变的道理。"只有这样，自己的人生才会越来越精彩。这段经历将在下次面对相似的情况时赐予你积极面对的力量，同时教给你成为自己人生的主人的方法。

让自己变得幸福的捷径

"不要害怕彷徨，不要害怕失败，不要害怕错误，不要害怕无知。错了就改，不会就学。"这样的信念可以让人轻松地迈向未来的道路。即使遇到了挫折，也将其视为练习的机会吧。

如果自己是首先说出分手的那个人，心中就会好受许多，而对方先说出分手的话，就会觉得自己被人当成了傻瓜。但事实并非如此。即使对方先说分手，先离去，只要有正确的心态，就能够坦然面对。如果自己是先说出分手的那个人，也无需自责，因为给对方造成的痛苦是没有办法减轻的，只能当作是欠下的债。因此，如果对方先说出分手，也是一件值得庆幸的事。

当我们能够成为自己人生的主人时，就没有必要经常纠结于谁先主动的头疼问题。即使自己先主动喜欢别人，也完全可以理解。喜欢山的时候，到底是喜欢山本身呢，还是喜欢当时的自己呢？喜欢海的时候，是喜欢海呢，还是喜欢当时的自己呢？其实，我喜欢的是那个喜欢着大海的自己。所以，喜欢对方的时候，也是喜欢当时的自己。如果我喜欢你，那么不是因为喜欢你本人，而是因为喜欢当下的自己。

圣人有云："想要获得幸福应该付出爱、理解他人、帮助他人，而不是索取爱、理解和帮助。"这并不是要求大家为了别人牺牲自己，而是告诉大家怎样才能获得幸福。遵从上帝和佛祖的教诲，是让自己变得幸福和独立的捷径。

恋爱的技术，内心的诉说

"据说恋爱中有一种潜规则，但我似乎完全没有掌握。"

恋爱可以说是世界上最简单的事，也可以说是最难的事。在青春的烦恼中，与恋爱和感情有关的问题一直占据榜首。可见，恋爱果然是一件费心劳神的事情。

"在相亲的时候，如果女士主动向男士进攻，男士通常会落荒而逃。但是经过三四天的等待之后，男士又会主动与女士取得联系。虽然我清楚这种潜规则，但我无论如何都没办法骄傲地等待男士，直到他们跟我联系。"

这位女士因为每次相亲以后都无法忍受几天的空白期，总是急着确认男士的心意，因此饱尝了恋爱失败的滋味。

"如果我对对方满意，就会想让对方知道我的心意，同时也想知道对方对我的想法是什么样的，难道男士们不是这样的吗？朋友们都说我在恋爱中就像一个傻瓜一样，完全没有心机，因此与本来有机会的人失之交臂。我这样冒失的性格是不是该改一改？"

"如果从结婚的角度来说，就继续按照自己的方式恋爱吧。"

男人该如何，女人该如何

自古以来，男女有别的观念根深蒂固，"男人就该如何，女人又该如何"的思维定势，在我们的观念中占据着重要的地位，也许我们自己都没有意识到。这其中就包含女人应该沉默被动的想法。即使女方想要表明心意，也应该控制自己，直到男方先有所行动再装作被征服，回应男人的心意。

但是，现在还有人是这么想的吗？这种想法完全是过时的思想，甚至可以说是墨守成规。如果在其他方面也抱有这样的想法，则会被认为是"被动派"。现在时代已经变了，我们生活在一个男女平等的时代，但很多人心中还是保留着根深蒂固的传统观念。这在佛教中被称为"业障，果报"。

虽然时代已经变了，但我们心中还像以前一样，有意无意地保留着男士应该主动，女士应该被动的传统价值观。虽然现在的年轻人在学校教育中很少会接收到类似的观念，但是家庭中父母呈现出的生活状态，还是给他们造成了潜移默化的影响。如果再向前追溯，男女有别的意识恐怕比我们父母的那个时代更加严重。

要是想按照古典的方式恋爱，恐怕就要学会心口不一的招数了。

若是按照现代的方式，只要依自己的性格、方式行动即可。如果明明想要联络对方，却因为所谓的恋爱技巧而掩饰自己的内心，骄傲地等待对方联络自己，是一件多么无趣的事情啊。

真正的爱情，不需要算计

恋爱的时候，请不要算计。算计的恋爱是买卖，而不是爱情。到底要不要先给新认识的交往对象打电话呢？先联络对方似乎有伤自尊，还是等对方联络自己吧。为什么我给对方打了两次电话，对方只接了一次呢？这些心态，都是一种算计。"再等一会儿对方就会跟我联系了，如果先联系对方似乎有委曲求全的意思。"这完全是一种小家子气。

真正的爱情是不需要算计的，只要把喜欢的感觉表达出来就可以了。如果对初次见面的对象一见钟情，与其等待不知何时会响起的电话，不如第二天自己先联系对方，这样反倒能更快更容易地收获爱情。而且先联系对方，也不会给自己造成任何损害。

也许，你会碰到一些因为你的主动出击而惊慌失措，落荒而逃的男人。这些男人即使一开始相处愉快，以后也很有可能离你而去。因此，请相信，他们只是更早地从你身边消失了而已。与这种男人恋爱的过程中，如果发生了争执，通常很难和好，很容易导致分手。你为他所做的一切都是徒劳，只不过是在浪费自己宝贵的时间。在此之后，你会更加了解自己的性格，会怀疑如果自己吐露真心，会不会吓跑身边的男人。

在爱情的世界里，没有失败

另一种情况是抱着一颗盲目的心恋爱之后又分手，这样真的算是失败的恋爱吗？两个完全不了解对方的男女遇见对方之后，如果能够相爱一生不离不弃就算是成功，如果中途分道扬镳就算是失败吗？

这种观念，就像认为活得越久越成功，如果不幸早逝就是失败的人生一样。耶稣向人们揭示了真理，之后三年就与世长辞。那个时候，他刚刚三十岁出头。那么耶稣的人生是成功，还是失败呢？他的人生可以说，比任何人都要成功。

从来就没有"爱情要进行到某一步才算是成功"的说法。只要能够牵动人心，让人快乐，就是一段成功的感情。爱情的失败，通常是因为像商人一样认为"你一定要像我喜欢你一样喜欢我"，并希望从对方那里获得回报。在算计的过程中，一旦发现自己付出的心意没有得到百分之百的回报，就会觉得对方背叛了自己。

算计不是爱情。因为有了不必要的算计才会有失败，而感情本身是不存在失败的。如果喜欢上了对方，自己也会感到幸福，内心充满了悸动。在爱情中获得幸福的其实不是自己爱上的那个人，而是自己。

世界上所有的爱情都是成功的。在爱情的世界里，只有成功，没有失败。

我的幸福总是很短暂

"我是一名22岁的留学生。我觉得自己现在仿佛正在经历青春的叛逆。我根据自己的成绩随便选择了一所大学，然后过着浑浑噩噩的大学生活，每天都会遇到许多麻烦和辛苦的事情。"

"你是说你一点都不开心，不幸福？"

"不，并不是这样。我似乎过着快乐而有趣的生活……我只是觉得，完成某件事情之后获得的幸福感似乎总是很短暂。"

"你想过这是为什么吗？"

"我觉得，这也许是因为我总是习惯随波逐流，跟随别人的脚步确立目标，因此我很难集中精力做某件事，很容易被别的事情吸引，然后又回过头来做原来的事，如此反复。"

平凡其实也是一种幸运

这是在他人的眼光和世间的欲望中迷失的人们经常遇到的问题。

人们常常纠结于什么是好的人生，什么是不好的人生，就像纠结于成功和失败一样。但是从结果上来说，人生根本没有什么好坏之分。人们常常说"别人看上去过得真好"，这其实就是因为大家都只在乎别人的看法。

近来，选秀节目人气高涨。从刚上小学的孩子到成年人都梦想着成为明星。有很多人羡慕有名的艺人，但是真正有名的演员和歌手中，有很多人生活得艰辛而又痛苦，甚至生活在死亡般的绝望中。

大家都想成为可以日进斗金，又声名显赫的明星。但是这些当红的艺人几乎不能去人多的地方。想象一下无论在餐厅还是电影院，都会有人要求你签名和拍照，在商场被人发现以后寸步难行的场景吧。由于一出门就会引发轰动，明星们甚至不能随意走出家门。相反，如果上街的时候没有发生类似的情况，又会产生挫折感和压力，觉得"原来我的人气这么差啊"。

不为人知的平凡，其实也是一种幸运。

能够过着不为人知的生活，是多么惬意的一件事啊！无论你躲在哪个角落做些什么，都不会有人来干涉你。

在别人努力学习、拼命工作的时候，下定决心疯狂地玩乐也不是什么坏事。只要自己觉得享受到了乐趣，就毫无问题。但是，如果在计划要学习的时间出去玩乐，结果必然不尽如人意。这完全是自己种下的恶果造成的。如果日后看到结果的时候会后悔不已，感叹"啊，我那个时候为什么要贪图享乐"，这就是一件错误的事情，错误的人生。

希望现在尽情玩乐，以后又能获得丰收的心理，与小偷无异。如果一心玩乐又盼望收获丰盛的果实，必然会因为现实和理想的差距而感到痛苦。

高中时期，成绩变化最大的时候，就是放完暑假开学的第一场考试。暑假天气炎热，又是假期，自然不会想要好好学习。这个时候，能够克服自己的惰性认真学习的学生，在开学以后成绩会有很大的提高。而放假期间一直想着好好玩耍的学生，成绩很有可能大幅下滑，或者排名靠后。

而除了暑假，学生们的成绩很少会发生如此巨大的变化。学习成绩的好坏取决于用功的程度。因此，暑假期间用功学习的学生和天天玩耍的学生，成绩不可能一样，会自然地出现分化。如果我在暑假期间大玩特玩，那么我会自然地接受开学之后成绩不如其他同学的事实，而不会感到委屈。

能预测结果，就能改变结果

社会生活也是如此，如果我年轻的时候选择了尽情玩乐而不是学习充电，那么几年以后进入职场，即使那些认真学习的人可以领到300

万韩元的月薪，而我只能领到区区100万韩元，我也不会计较自己的薪水比别人低。只要抱着"年轻时别人不能玩的东西我全都体验过了，这些经验哪里是用钱可以衡量的呢？虽然那个人现在领着300万韩元的月薪，而我只领100万韩元，但是我尽情地享受过了，没有什么遗憾"的心态，才能积极面对自己的生活。

如果认为玩乐是在浪费时间、消磨生命，那么就要努力成为自己行为的主人，而不是简单地享受。这样的玩乐就不再是单纯的玩乐，而是边玩边学。应该把玩乐也当作是学习的过程。

如果我身体有什么不适，只要开始讲课，病痛就会神奇地跑到九霄云外。因为对于我来说，讲课既是玩乐，也是学习。我喜欢和年轻人面对面，倾听他们的苦恼，给他们讲授我的经验。在与他们交流的过程中，我也学到了不少东西。倾听他们诉说那些我无法想象的苦恼，让我了解了下一辈人的烦恼，有了更深地了解人性的机会。

在我遇到的人中，有失恋的人，有寻找爱情的人，有与恋人发生争吵的人，有苦恼婚后生活的人，还有因为无法结婚而苦恼的人和因为事业失败而苦恼的人等等。听这些数不清的人说他们的人生故事，让我进一步了解了人性。因此，讲课对于我来说也是学习的一种。能够边教边学，是一件多么幸福的事情。

无论是选择为了未来努力奋斗，还是选择尽情地享受人生，即使面对不尽如人意的结果也在所不惜，都是个人的自由。只要做出了选择，就不要后悔。后悔会立刻将人生变得失败。如果能够预测未来的结果，就能够以更加积极的心态接受。春天万物复苏的时候，就应该预想到秋天落叶飘零的景象。如果只是感叹春天树木逢春的美景，秋天落叶的时候难免会黯然落泪。如果能在树木刚刚发芽的时候就预想到落叶的景象，自然就不会觉得悲伤。

韩云龙大师的诗集《你的沉默》中，有一句话是"我们见面的时候总是担心着分离，分离的时候又相信着再见"。为了方便理解，可以想象这句话是描写恋爱中的情侣相见的时候担心着分离，分离的时候又期待着再次相见。也就是说，凡事不能只考虑眼下，要对未来有所预见并做好准备。如果能预测结果，那么必然也能改变结果，因为有充分的时间做准备。

有时，
你可以彷徨

有时，你可以彷徨

即使已经对未来有了明确的规划，但有时也会对自己的选择产生"我选择的道路真的是正确的吗"之类的疑问。

"虽然周围的朋友和我自己都认为，师范大学毕业的学生就是要通过老师的聘用考试，才算是给自己的人生交上了完美的答卷，才算是获得了成功。但是在准备考试的过程中，我不禁产生了许多疑问，因此而苦恼不已。"

"你有哪些烦恼呢？"

"我总觉得自己距离一个为人师表的老师，还有很大的距离，虽然我也不知道究竟有哪些不足。因此我放弃了备考，决心学一些能够让我发现真正的自我的东西。来进一步思考，到底教师应该是什么样的，到底我应该成为一个什么样的教师。"

考试次数越多，成功概率越低

报纸、广播等媒体上的新闻告诉我们，韩国的出生率正在不断下降，甚至有可能降至世界最低水准。随着出生率的下降，学生的数量也在不断减少，因此今后即使从师范大学毕业，想要成为教师也越来越难。以前只要从师范大学毕业就可以顺理成章地成为一名教师，但现在已经不是这样了，以后成为教师的道路会越来越窄。既然事已至此，还有必要为了微乎其微的希望废寝忘食地努力吗？

很多人在激烈的竞争中考上师范大学，努力学习，为了成为一名教师参加一次或者两次聘用考试。如果花上一到两年的时间朝着目标努力，最终能够实现心中的梦想和目标，那当然是值得的，但是正如大家所知，在全国范围内聘用考试的竞争都异常激烈，参加一两次考试就通过的几率微乎其微。如果要花上五年甚至十年参加考试，获得教师资格证，就失去本来的意义了，因为即使不能成为教师，人生还有许多事情值得我们去做。

我认为，最好的做法就是只参加一次考试，如果失败就果断地放弃。但是很多人觉得只尝试一次太可惜了，那么再考一次也未尝不可，但是更多的尝试就毫无意义了。

不仅是聘用考试，包括公务员考试、司法考试在内的所有入职资格考试，本质上都是相通的。这些考试制度都具有相似的性质，就是通过考试评判参加者是否具有某个职业所必须的才能。但是，是否具有通过考试的能力并不能成为评价人才的标杆。

如果能在第一次参加考试的时候就金榜题名，自然会传为佳话，也没有什么值得苦恼的事情了。如果第一次不能成功，那么就要仔细考虑一下要不要参加第二年的考试了。与通过考试离开的竞争者相比，第二年应试者的数量会更多。因为每年从师范大学毕业的学生数量是一定的，因此每年参加考试的人数也会相应地增加。与合格者相比，应试者的数量显然更多，每年又会有新增的毕业生加入应考的队伍，因此只要略微思考一下就知道，如果第一年不能通过，第二年合格的几率会比第一年更低。

有些人认为，用两年的时间反复学习相同的东西，合格的几率不是会大大增加吗？但事实并非如此。相反，第二次考试合格的几率会大大降低，第三次合格的几率会比第二次更低。随着时间的流逝，合格的几率越来越低，落榜的几率却越来越高。参加三次考试之后，几乎没有合格的可能了。虽然这并不是绝对的，也一定有人能够屡败屡战，最终金榜题名，但是这些人一定经过了比常人更加专注刻苦的学习，才能获得成功。

挑战失败了，怎么办

如果挑战失败，不妨尝试别的职业或者方式。世上还有许多与教师一样崇高的职业，在二十多岁的年纪，如果考试失利应该立刻开始新的挑战，而不是感到绝望。不过，有些人即使无法通过考试，也希望成为一名教师。对于这些追求的不仅仅是教师这一职业，而是从小怀有梦想，希望实现目标的人们，我还有另一种建议。

在印度和菲律宾等国，有数以万计的学校。与韩国相比，那里虽然设施简陋、环境恶劣，但是学生们渴望学习的热情和愿望却有增无减。如果不考虑教师的薪水问题，去印度或者菲律宾之类的国家当老师是一个不错的选择。那里没有复杂的教育环境和严格的入职考试，老师可以随心所欲地把他们想要传授的知识教给孩子，既不会有政府和教育机关的干涉，也不会有学生的父母来找麻烦。老师不需要按部就班在固定的时间教授固定的科目，而是可以以教师的使命感自主决定教学内容。

另外，办一个另类学校也是个不错的选择。在韩国，开办另类学校的条件苛刻，学校的运营费用也有很高的要求。如果选择在他人开办的另类学校里教课，而不是自己开办学校，又必然会受到各种限制。但是，在印度和菲律宾这样的地方，开办一所另类学校并不是什么难事。政府不会给予什么经费支援，但是也不需要获得许可，就可

失败之所以会让人感到受挫和绝望，

是由于心中的贪欲。

如果没有了贪欲，世上所有的失败

只不过是积累经验的练习。

无数反复的失败

最终会成为成功之母。

感情本身是不存在失败的。

如果喜欢上了对方，

自己也会感到幸福，

内心充满悸动。

在爱情中，

获得幸福的其实不是自己爱上的那个人，

而是自己。

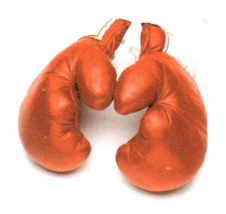

每个人都无法避免肉体上的痛苦。

但是否要承受精神上的痛苦，

则取决于你自己的选择。

让你内心痛苦的东西，

原本就是无声无形的幻象。

你内心的痛苦，

其实就是射中你的第二支箭。

人本来就是自私的；

因此只有了解并容忍对方内心自私的部分，

人际关系才能够更加和谐。

这并不是要大家无私地包容对方，

而是让大家坦然地面对自己自私的一面。

爱情本身是没有错的，

歌词中所说的

"爱情是眼泪的源泉，憎恶的源泉"

其实是一种误解。

爱情之所以会带来眼泪、憎恶和怨恨，

是因为渴望得到回报。

我们都在不断地进行着尝试，

在失败中寻找新的契机，

然后不断地挑战。

可以说，直到昨天为止我们都是在练习，

只有今天是实战，

而到了明天我们面临的又是全新的挑战，

今天的一切将成为过去。

以用2~3年的时间做一名义务教师，与孩子们一起分享曾经梦想的各种课程。满足了自己的心愿之后，即使回到韩国，也不会对教师这一职业有过多的执念了。

不是等待未来，而是思考和创造未来

如果无法完成这些简单的事情，那么原因一定与钱有关。无论你想成为一名医生、教师还是艺术家，阻挠你实现梦想的因素，都与钱有着密不可分的关系。如果仅仅将钱视为目标，那么除了老师，通过其他的方式也可以或多或少地赚到钱。

以中国和韩国为例，长期以来，中国一直向韩国出口农产品，照理来说，韩国的农业应该遭受重创，但事实可能恰恰相反。如果大家经常听到与中国10%的高收入层相关的故事，就应该明白了。我们常说，中国10%高收入层的总人数，比韩国的国民总数还要多。每年，中国的食品安全问题都会被提起，成为一个严重的社会问题。假鸡蛋、污染奶粉、寄生虫蔬菜等问题，都曾被韩国的媒体报道过。如果能够瞄准中国高收入层的需求，向他们出口安全的食品，以应对日趋严重的食品安全问题，结果会怎么样呢？

因此，我们不仅仅要关注眼前，更需要有推测10年20年后的情况的眼光和魄力。现在有许多人因为觉得医生或者中医师是一个很好的职业，填写志愿时就纷纷填报医科大学或者中医药大学。也会因为觉得律师可以日进斗金，就连续几年呆在考试院里悬梁刺股地备考。

在我的学生时代，化工学科是人气最高的专业，现在却并非如此。因此，无论大家现在正在做什么，都有必要经常思考努力十年以后会是什么样的情景。我们要做的不是简单地等待未来，而是思考和创造未来。

安哲秀教授的事迹一直广为流传。安哲秀教授原本是一名医生，最后却成为了电脑防毒软件的开发商。他开设了自己的电脑安全公司，却在某一天突然辞去公司经营者的职务，去美国留学，学习管理学。现在，他又成了一名大学教授，向晚辈们无私地传授着知识。

因此，无论机会是大是小，是多是少，我们都要努力抓住。只要还年轻，就有挑战一切的机会。无论成功与否，通过研究和挑战最终得到结果的这一过程，其本身，就是一种幸福。

追寻公务员考试的意义

有一位连续四年参加公务员考试的青年找到我，问道：

"大师，我曾经两次在笔试复试的时候遗憾地失败，也曾经在最后一轮面试的时候惨遭淘汰，因此我惋惜不已，这一切都是因为我自己太急躁了。有什么办法能更好地控制自己的情绪呢？"

由于全球经济不景气，近年来就业越发困难。因此，参加公务员和各种资格证考试的年轻人逐年增加。也许，这个年轻人的经历并不是一个个案，生活中还有很多像他一样的人，为了一个更光明的未来连续埋头备考几年。

"你现在还在备考吗？"

"是的，今年我会继续赶考。"

"那么，我想建议你，就考到今年为止吧。"

及时止损是最好的办法

我话音刚落，这个年轻人的表情就僵住了。他是前来向我咨询怎样才能控制好自己的情绪，明年可以顺利地通过考试的建议的。没想到，我竟然叫他放弃考试，他听到这里露出惊慌的神色也是理所当然的。

于是，我接着问：

"如果通过了公务员考试，你的职场生活会更加稳定还是充满变动呢？"

"会更加稳定。"

"也就是说，你会获得很大的收益。要想获得很大的收益，是不是也应该付出相应的努力，进行相应的冒险呢？"

"当然。"

想象一下购买彩票或者赌马的情形吧。每一个买彩票的人都渴望中奖。虽然中了彩票就可以一夜暴富，但是与中奖的概率相比，一无所获的概率要大得多。公务员考试也是如此。

这位年轻人初次决定参加公务员考试的时候，想必下定了决心，努力备考。但是在连续四年的备考生涯中，原本坚定的意志很容易动摇。即使信念未曾动摇，但随着内心越来越复杂，也会越来越难以集中精力，逐渐厌倦学习，开始跟其他人一样虚度光阴。

因此，及时止损是最好的办法。

你已经浪费了宝贵的四年时间，难道还要继续执迷不悟吗？所以，就考到今年为止吧。

千万不要因为不甘而再三尝试，就把今年当作是最后的机会，背水一战吧。给自己定下"这是最后的机会，只许成功不许失败"的目标，在今年余下的时间里竭尽全力备考。只有下定决心最后一次参加考试，才会将其视为人生最后的机会，破釜沉舟。

如果最后结果真的不尽如人意，那么也请翻过这一页吧。如果因此而陷入绝望，就大可不必了。年轻的时候为了自己的目标付出四年的努力，这四年的时光不会白白浪费。考试的四年也是人生重要的经历。

你的正确做法是抱着这种良好的心态接受结果，然后投身到新的事业。

通过考试，并不像看上去那么有意义

无论是公务员考试，还是司法考试，抑或是选拔教师的任用考试，都是如此。对任何一个正在备考某个选拔考试的年轻人，无论他们将要参加哪一种形式的考试，我都想说："决定挑战的时候就拼尽全力。如果结果不尽如人意，那么最好的选择是再尝试一次就放弃。如果觉得还有不甘和遗憾，可以再给自己两次机会。但是更多无谓的努力则是一种浪费。"

下定决心要通过某个考试，并不像看上去那么有意义。每年都有包括应届毕业生在内的很多学子加入到备考的队伍中，但每年要选拔的人数却是固定的。通过率会因为参加选拔名额的减少而降低，但绝对不会因为某个人的加入而增加。

竞争者逐年增加，选拔的名额逐年不变或减少，合格的可能性越来越小。到了这一步，已经不是下定决心就可以做到的了。随着通过考试的难度的增加，学习的强度也越来越大，但人的意志却无法相应地强大起来。一开始的时候，学习的成效和决心有关，但经过两三遍的反复，很容易停滞不前。因为意志力和心态发生了变化，所以即使下定决心，也很难成功。

长此以往，还会在不知不觉之中把学习当作工作。

备考的人很容易把学习当成是工作，简而言之就是患上了考试中毒症。考试中毒症很难治愈，因为这里所说的"中毒"并不是毒品或酒精之类单纯的食物中毒，它是情绪上的沉迷，十分危险。因此，在考试中毒症发生之前，一定要防患于未然。

决定停止备考的时候，要用轻松和愉快的心情来迎接这一切，告诉自己"我用一段青春尽情地学习了，无怨无悔地尝试了，现在可以重新出发了"，然后就彻底地放下。

考试落榜的确是一种失败，但是不能因此放弃自己的青春，甚至给自己的人生留下伤痕，也不要认为之前孤军奋战彻夜学习是一种浪费，要把这一切看作是宝贵的经验，放下思想负担，以轻松的心态开始新的人生。这个世界上除了考试，还有数不清的事情等着我们去做。

在每个暂停脚步的地方，都要成为主人

"按照你喜欢的方式去画吧。"

一个美术专业的学生不知道如何处理渴望成功的焦虑和对未来的不安，于是，他向我咨询"怎样画画才能成功"，以上，是我给出的答案。

成功就是把梦想自然地表达

我们的社会充斥着"快餐文化"。这个学生也陷入了渴望走捷径的焦虑之中，产生了"艺术家就应该这样"，"我现在做的事情对我的美术专业毫无帮助"之类的想法。

每个人的内心深处，都隐藏着"我一定要在我所从事的领域大放异彩"的野心。但是，在艺术的世界里，成功的标准到底是什么呢?

其实，艺术没有所谓的成功与失败之分。艺术就是唱自己想唱的歌，写自己想写的文字，画自己想画的画，把自己曾经梦想的东西自然地表达出来。

如果按照世俗的标准来评价，能够获得许多人共鸣的东西就是成功，得不到大家承认的东西就是失败。但是获得别人的认同就真的获得了成功吗？绝大多数得到共鸣的东西，只是因为"原来还有很多跟我一样的人"的想法。而得不到共鸣，也只是因为很少有人具有相同的想法而已。因此，艺术很难用一个标准来评价成功和失败。

艺术家中，有一部分人渴望过着能够随心所欲地创作的生活，只要有口饭吃就行。相反，另一些人无法忍受窘困的生活，只得一边工作，一边抽空唱歌、写作、画画。也有人因为将艺术创作和日常生活混为一谈而得到了教训。

一位老僧人的启示

我年轻的时候，也认为对现存的佛教进行改革十分必要。

一天，我遇到了一位老僧人。

我对他细数韩国佛教误入歧途的种种表现，不禁越说越激动。最后，一直安静地听我说话的老僧人淡然地说："其实，如果一个人能内心平静地坐在田边，那么他就是一个修行的人，那个地方就是一个寺庙，这就是佛法。"

听到这句话的瞬间，我放下了长期以来的执念。在此之前，我一直有着一个思维定势，认为僧人就是剃着光头，穿着僧衣的人，寺庙就是山间的瓦房，这些才是佛教。

我总是觉得很多人把不是佛教的东西看作是佛教，认为这也不对，那也有问题，一直在做着水中捞月一般的无用功。听了老僧人的话，我幡然醒悟，下定决心以身作则，以正确的方式生活和礼佛，并成立了Jungto Society。

这期间，我遇到了许多困难。回想当初，我在不足10平方米的办公室里邀请那位老僧人参加了开幕式。多亏了这位老僧人的声望，开业当天有近30位客户上门，把小小的房间塞得满满当当。但到了第二天，只有三个人留了下来。等我开始讲课以后，又走了两个人，最后只剩下一个人。

我预计这个课程将持续三个月，虽然只有一位听众，但是三个月中，我一直认真讲课，就像对着一百位听众一样。三个月的课程结束之后，这位听众又带来了五位听众，参加即将开始的新一期课程。这就是Jungto Society的雏形。

其他的人只看到了Jungto Society现在的样子，以为这些都是手到擒来的，但事实并非如此。我只想告诉大家，是当初的艰辛为现在的一切打下了坚实的基础。

太容易得到的东西，必然也容易失去。

强求他人欣赏是不劳而获

那么，"怎样画画才能成功"？

其实，这类问题，完全是庸人自扰。只要坚持画下去就行了。只要真心喜欢画画，觉得绘画是生命的一部分，可以不分昼夜、不顾世俗、一心沉浸在美术的世界里，就总有成功的一天。

开始的时候可能很难形成自己的风格，因此可能会模仿别人的画作，或者把毕加索、李仲燮等名家的作品按照自己的理解叠加组合，尝试各种稀奇古怪的创作。因为不需要给别人鉴赏或者拿去销售，所以也不用担心遭到批评。

这些模仿正是创作的基础。当然，著名的画作无一例外地表现出了作者独特的精神世界，但是，通过模仿这些作品，可以掌握必要的技术和审美眼光，久而久之，自然可以创作出独特的作品。

这其中的道理在于，通过模仿大约30位画家的作品，就可以在脑海中形成这些作品的混合印象，之后也许会感到毫无头绪，也可能灵光一现，画出前所未有的作品。这不就是创作的过程吗？通过不断的模仿，吸收和体会前人作品的精华，就可以创作出新的作品。

从一开始就固执己见按照自己的想法绘画并不是创作，相反，很可能陷入一片混沌之中。如果梦想成为一名艺术家，就没有什么理由畏惧初期对他人作品的模仿。对一个作品的评价并不取决于作者本人，而是取决于其他的观众。即使在当下得不到公正的评价，在未来的某个时刻也一定会得到公正的判断。

"希望人们都喜欢我的作品。"这虽然是一个理所当然的愿望，但也是一种消极的态度，因为这是在强求他人对自己的欣赏，也是一种不劳而获的态度。

成为每一个地方的主人

年轻人总是想着能够不劳而获，殊不知，时间却不知不觉地溜走了。因此，我想劝大家"百思不如一试"。尝试的过程中可能会误入歧途，只要及时改正即可。犯了错就道歉，不知道就问，以这样的态度挑战，改正，再挑战，失败，再改正，研究，再挑战……只要这样坚持下去，就不会绝望，也不会失望。

相反，坚持不懈地挑战能够培养积极的生活态度。只要坚持不懈地努力，自然会拥有足够的智慧，过上自己想要的生活。

人生是由每一个细小的瞬间组成的。离开了这些瞬间，人生也将支离破碎。明天是无法预知的，因此，要把握现在，活在当下。我们有责任让自己拥有幸福而自由的人生。

我开设过很多期的"即问即说"演讲，来听演讲的观众都有资格评价我的演讲是好是坏。如果来听演讲的人喜欢我的演讲，证明我讲得很好，相反，如果大家都不喜欢我的演讲，则说明我做得还不够。但是，即使收到了很多负面的评价，也不能说明这就是一个失败的演讲。因为，通过观察演讲的哪个部分得到了共鸣，哪个部分受到了指摘，就可以在下一次的演讲中努力改进，得到更多的好评。这就是一个主宰自己的人生的方法。

假设大家坐在一起听我的演讲，那么到底是进行演讲的我是主人，还是正在听我演讲的大家是主人呢？

"真的很感谢大家抽出宝贵的时间来到这里，用心地聆听我的演讲。"

我总是抱着这样的感恩之心，更用心、更幽默地进行我的演讲。在气氛热烈的演讲中，时间不知不觉地流逝，这个时候，我就是主人。

现在，我们再从听众的角度思考一下。"可以在这么短的时间里听到大师毕生智慧的总结，真是太好了。"抱着"希望能听大师说五个小时甚至十个小时"的想法坐在下面的听众，也是这里的主人。

在佛教经典里，有这样一句话，"随处做主，立处皆真"，换句话说，就是"成为每一个地方的主人，现在身处的地方，就是真理的世界"。

与其烦恼怎样才能成为一个成功的画家，不如换一个思路。

"成功？我不知道什么是成功，我只是单纯地喜欢画画。"

当两个人比一个人更孤单时

"我有一个认识了快两年的男朋友。今年我已经三十岁了，所以开始考虑结婚，但问题是我很难与男友沟通，我们就像是两条平行线，似乎只过着自己的生活。"

"与男朋友的关系中，最大的问题是什么呢？这也许就是你们矛盾的症结所在。"

"男朋友平时很少照顾我的感受，话也很少，只有在喝酒的时候才会话多。"

"你觉得在哪些方面与男朋友难以沟通呢？"

"事实上不能怪他一个人。我们两个人都是第一次谈三个月以上的恋爱。也许是因为两个人都第一次面对这么长久的关系，才会产生种种问题吧。本来交往两年之后应该达到心有灵犀的境界，但事实完全不是这样。每当此时，我都会觉得似乎在与他的沟通上有障碍。到底要怎么做才能让我们更加合拍呢？"

改变不是一件容易的事

这两个人交往了两年之久，依然有沟通不畅的问题。解决方法有两个。沟通不畅的问题，并不是"由我先来沟通"就可以解决的。如果认为"只要改变了这点，他还是个不错的人"就匆忙结婚，婚姻注定会失败。

结婚和恋爱有很多相似之处。一定要充分认识两人的沟通问题和对方的性格之后再做出选择，不能认为"虽然现在只有60分，但只要改掉这个缺点就有80分了"。因为改变不是一件容易的事。并不是因为固执而不愿改变，而是因为即使下了很大的决心，也很难改变自己。大家没听说"与战胜百万大军相比，战胜自己才是最伟大的英雄"这句话吗？这句话说明，改变自己是一件多么困难的事情。

每个人都很难改变自己的习惯，这可以用一个简单的例子，即生活习惯中最易成瘾的吸烟来说明。不吸烟的人完全无法理解到底有什么困难导致戒烟无法成功。但是对于吸烟的人来说，一天不吸都会难受。因此，千万不能认为"只要改变了某一点就能如何"。

这位女士说，她的男朋友是一个平时话很少的人。话不多的男人虽然有些沉闷，但也有沉稳优雅的优点。但是，如果与这样的男人结婚，想要在每天早上听到丈夫说"亲爱的，我爱你"恐怕就是一种奢望了。如果希望每天早上对方都能够用温柔的声音在自己耳边低语

"亲爱的，我爱你"，那还不如换一个结婚对象。现在就与这个男人分手，寻找下一段姻缘，也许可以更快地实现这一奢望。如果无法改变对方，就只能放弃自己的奢望。要求一个生来就如此的人改变，实在是一件无理取闹的事情。

到底什么是沟通不畅呢？我们并不能因此就断定对方是一个不懂得沟通的人。

一个人无法很好地沟通，通常有两种原因。如果对方先跟自己交流，自己也会与对方交流，但要是让他先与对方沟通则有些困难这种类型的话，那么问题就出在他自己身上。如果是他想要与对方沟通，但对方似乎没有什么回应，因此阻碍了沟通，这种类型其实也是他自己的问题。

举个例子，假设有人很喜欢雪岳山，经常爬，探访每一条山间小路。虽然每周都会爬山，但是雪岳山可曾对前来爬山的人说过一次"我也喜欢你"？大家都喜欢观赏盛开的樱花，但樱花从来不会对人说"我也喜欢你"。

也就是说，无论对方的反应如何，只要解决了自己的问题，沟通就可以顺利进行。只要放下要求对方一定要如何对待自己的想法，即使对方不说话，沟通也可以顺利地进行。难道跟人沟通会比跟一座山沟通更困难吗？人们不是还把狗当做最好的朋友吗？但是人类与狗的沟通，并没有建立在狗对我们说了些什么的基础上。即使什么都不说只是吠叫，但由于人们并没有将之当成一个问题，沟通还是可以很好地进行下去。

了解他内心的伤痛

如果男朋友平时话比较少，完全可以乐观地认为"跟这个人谈恋爱之后才发现他并不怎么爱说话啊。也好，总比话多的男人要强一些"，而不是抱怨男友无趣，且千万不要在后面加上"但是，即便如此"之类的转折。喝酒之后变得话多的缺点，也可以换个角度看待，例如"这个人可能从小就不太敢说话。也许是因为心理有压力，只有在喝酒的时候才能一吐为快"。同时，可以预测一下未来的生活。这个人遇到不顺心的事或者心情郁闷，又或者夫妻之间发生争执的时候，很有可能独自借酒浇愁，而不是积极解决问题，在痛饮一番之后，甚至可能撒酒疯。但是，也不要单纯地把喝酒和撒酒疯看做洪水猛兽，应该将之理解为是这个人抒发心情的一种方式。

想要让这样的人与自己沟通，应该采用什么方法呢？一般情况下，不要直接对对方说我已经表达了我的想法，现在该轮到你了。最简单的办法就是直接带他去酒吧。虽然一开始还是自己说得比较多，但是酒过三巡，对方的话匣子打开之后，可能说得比自己还要多。在对方还没有喝醉的时候先把自己想说的话说完，等对方酒过三巡开始滔滔不绝的时候，只要仔细倾听就好了。

这种互相倾诉的方法简单而有效。如果把对方有没有话说、有没有倾听看作是一个严重的问题，只会让情况变得更加复杂，徒增烦恼，还不如迎合对方的脾气，采取互相倾诉的方式，就可以达到良好的沟通效果。

当对方酒过三巡开始滔滔不绝的时候，应该给予对方鼓励，用"你说得很对，啊，原来是这样"之类的话表示赞同。如果无法接受对方喝醉以后说的酒话，可能会给两个人的沟通带来更大的麻烦。因此，即使心里颇有微词，也不要表现出来，应该尽量给对方鼓励。当对方重复已经说过的话的时候，也应该像初次听到一样给出"啊，原来如此"的反应。

越是酒后滔滔不绝的人，孩童时代可能越活泼开朗。孩童时代，如果大人们鼓励他改掉整天叽叽喳喳的习惯就能够更加专注地思考，孩子们就会改掉这个习惯。因此，沉默寡言的问题也是可以解决的。

如果没有认识到这一现实，在他喝醉撒酒疯的时候阻止他表达自己，结果会怎样？在他童年的时候，大人们阻止他表达自己，成年以后如果再遇到妻子的阻挠，很可能产生逆反心理，甚至可能出现毁坏物品之类的暴力倾向。因此，即使在他喝醉的时候，也不能认为"男人都是这样……"而远离他。

如果能够了解对方的性格特质，应该尽量利用这些特质。你遇到过脾气非常火爆的骗子吗？一定没有。因为性格火爆的人很难欺骗别人。如果周围有这样性格暴躁的人，至少你不用担心被他欺骗。

如果这些人欺骗你，你会很容易发觉。他们有没有生气会完全表现在脸上，一眼就可以看出。当他们发脾气的时候，你会很快知道他们这么做的原因，知道了原因，就可以很快找到解决方法，以平息他们的怒火。相反，如果他们三缄其口，旁人就很难揣测他们的想法。因此，任何一种性格都有其优点和缺点。

制造一次让对方勃然大怒的情况

另外，当对方大发脾气的时候，千万不要与对方正面冲突。试图用以暴制暴的方法阻止事态的发展，最终结果很可能一切都变成是自己的错。等事态平息，对方冷静下来之后再将自己当时的不满和失望告诉对方，对方才能够更容易地理解，并表示歉意。针锋相对只能引发战争，不能解决任何问题。因此，不如暂时睁一只眼闭一只眼，扮演受害者的角色，等对方恢复理智之后再冷静地与对方交流。

人类的思想有的时候与法律和道德一致，有的时候又会有些差异。道德和法律能做的，只是给一个人戴上"坏人"的帽子，或者让人们从法律上解除夫妻关系。但这样并不能解决问题，因为没有找到心理上的症结所在。因此，要根据不同人的心理对症下药。

如果认为"我何必自寻烦恼呢？有那么多人喜欢我"，那么请果断地给两人之间的关系画上终止符。既然已经恋爱了两年，那么一定积攒了不少经验了。请不要因为放弃了一段维系了两年的感情而感到惋惜。对于今后的恋爱应该保持乐观和自信，因为自己已经有了足够的经验。这样就有足够的理由与对方分开了。

"我都已经30岁了，怎么能再找一个新的男友，再花上两年时间与对方交往？真的还能找到新的男友吗？"如果抱着这样的想法，那么就努力适应现在正在交往的对象吧。一旦下定决心，应该先预想一下与对方结婚以后可能出现的情况。要是无从判断，观察他醉酒以后的行为也是一个办法。

另外，请制造一次让对方勃然大怒的情况，然后观察对方的反应，看看对方对自己十分失望的情况下，会做出什么样的举动。这听上去是不是像是在用对方做实验？但是这些方法可以让你知道对方隐藏的心理底线。了解这些底线以后，如果自己可以接受，那么就可以与对方步入婚姻殿堂。相反，如果发现对方的底线自己无论如何都不能接受，那么就应该果断地结束这段关系。

结婚的人常常挂在嘴边的一句话是"恋爱的时候完全不是这样的"。事实上，每个人在恋爱的时候都会或多或少地隐藏真实的自己。因此，一定要再三观察对方脱掉皮鞋的样子，审视对方不施粉黛的脸庞，端详对方脱去衣衫的身体，以及了解对方账户上的余额。

恋爱通常建立在双方互相隐瞒和被隐瞒的基础之上，媒人也要撒一些无伤大雅的小谎，才能促成一段姻缘，因为大家的眼光都很高。因此，不需要将隐瞒看作是十恶不赦的举动。就像动物求偶的时候，孔雀会努力地开屏，狮子会展示自己的毛发一样，都在努力展示自己的优势。虽然人和动物有所区别，但是寻找优秀伴侣的原始本能是相同的。

因此，没有必要将一些障眼法看成是坏事，这只是人们为了实现自己的目标而付出的努力。虽然可以说是一种欺骗，但是换个角度看，这恰恰是为了给对方留下一个好印象。只有了解了这点，才能做出更明智的决定。

放下一切，真诚地祈祷

我问那位前来咨询的女士："你会做出什么样的决定呢？是宣布分手，还是试着去适应你的爱人？"

"不知道。也许我需要更多的时间思考自己是否能够适应对方，还是应该立刻分手。"

"能否适应"这句话，原本就是无稽之谈，因为能就是能，不能也无法勉强。之所以要努力地适应对方，是因为明明了解对方，却不能很好地接受。要知道，让对方改变本来就是一件很难的事。

因此，不要将改变对方当成是交往的前提，因为这完全是自己的幻想。长辈们常说"连我自己生的孩子都不听我的"，那么，我们又如何能让出生成长在另一个家庭的人完全服从我们呢？这完全是强人所难。恋爱的时候，对方可能会因为急着结婚假装完全服从你，但正如我们所知，对方只是在隐藏真实的自己。

恋爱的时候，到底要不要展示真实的自己呢？大家回想一下相亲的场景吧，是不是每个人都在掩饰自己？难道有人穿着平时的服装或是工作服去相亲吗？大家应该都会在自己的衣橱里选出最好的衣服，女士可能还会设计一个新的发型，化上比平时更加精致的妆容。在相亲的时候，一定会在对方面前展现出比平时更加端庄的仪态，并努力倾听对方的话语。因此，从某种程度上来说，相亲完全是一个骗局。但是，这种无伤大雅的欺骗通常会被认为是合理的掩饰。

"现在请做出你的选择吧。难道还要继续犹豫不决吗？"

其实，只要在佛寺或是家中心无杂念地祈祷100天，问题自然能够迎刃而解。因为无论你做出什么样的决定，在你祈祷的100天里，男人早就离你而去了。大家都认为自己才是做决定的那个人，其实并不是这样。男人也可能因为另一个异性的出现而离开，或者厌恶原来的伴侣。在这种情况下，女人只能被迫做出决定了。不过，这也不失为一个明智的决定。当然，也可以以基督教的方式默念"我将按照主的意志行事"祈祷100天，这样耶稣应该也会帮你做出要不要分手的决定。

　　一个人钻牛角尖只会徒增烦恼，完全想不出解决的办法。因此，放下一切，真诚地祈祷，复杂的问题就会自然地迎刃而解。只是，越不想发生的事情越有可能发生。

给分离贴上创可贴

离别总是伴随着伤痛。即使双方好聚好散，离别的伤疤也会隐藏在内心深处的某个角落，在不经意的瞬间隐隐作痛。有一位在爱情中全情投入的女士向我吐露了与恋人分离之后内心的痛苦。

"我与一个男人相爱了六年。从二十岁开始，我们一起生活了四年。我们已经提交了结婚申请，但是还没有举行婚礼，谁知一起打打闹闹地生活了四年之后，我们竟然分手了。现在我们已经分开三年了，我很想放下过去重新出发，过简单的生活，但心里还是放不下过去。我该怎么办呢？"

"你们为什么分手？"

"是我先提出的分手，因为我没有信心跟他走到最后。我太清楚这一点了。"

"你们之间到底有什么问题呢？听上去你并不想指责对方，而是在思考着什么，到底是为什么呢？从你的角度出发，你觉得问题在哪里？"

"我们并没有对不起对方，而是和平地选择了分手。非要说理由的话，应该是我与一个人生活久了以后，就非常了解一个人。我想要的是一个有责任感的男人，但是我二十岁的时候遇到的这个男人，并不是一个有责任感的人。他与我想要的人不同，因此我觉得我们很难走到最后，与其互相折磨不如早点分开，所以我们就分手了。"

对比自己年长很多的对象产生好感

这是一段维系了六年的恋爱关系，虽然最后以失败告终，但若想了解其中的因果，还是应该从最初的相遇聊起。

"你们当初是被对方的哪一点吸引决定交往的呢？"

"他是我的前辈，比我大好几岁。当时我是大学一年级的学生，而他休学一段时间后重新回到学校，因此我们之间的年龄差距十分明显。"

"我想知道的是你喜欢他的原因是什么，你似乎有些答非所问。"

"我喜欢的是他的成熟。"

"然后随着你年龄的增长，你发现他并不是你想要的那个人是吗？"

女性对比自己年长很多的对象产生好感的心理现象，主要是受到童年时期与父亲关系的影响而产生的。这个例子也是如此。

"你童年时期与父亲的关系好吗？父女之间的感情是否深厚？"

"不，我成长的过程中与父亲关系一般，最近倒是好了许多。"

童年时期与父亲关系不好的人看到其他人与父亲亲密无间，难免会觉得羡慕。喜欢年长异性的心理，与对父爱的渴求十分相似。长大成人之后，具有这种心理的人，尤其是女性，很容易对比自己年长的男性产生好感。在与男性交往的过程中，也会对能够给自己父亲般的温暖的男人另眼相看。一般来说，她们更容易注意到这样的男性并与他们亲近。

而男性与母亲的关系，也可以用相似的方式来解读。例如，如果母亲早逝或是成长过程中缺乏母爱，虽然怀念母亲般温暖的怀抱却无法感受得到，长大成人以后这种遗憾就会伴随终生。有这种心理的人潜意识中渴望得到比自己年长的女性的包容之爱，经常与这样的女性坠入爱河。这种心理也是由过去的童年记忆造成的。

如果他们不顾自己真实的想法，和年轻的女友交往并结婚，一旦从妻子身上得不到自己想要的母亲般温暖的爱，夫妻之间就会产生情感上的冲突。他们会不惜以出轨的方式寻找他们理想中的对象。

及时止损才是聪明的做法

无论男女，从道德的角度看都能发现许多问题，但如果从人的内心世界、心理变化这一关键角度来看，恐怕只有十分之一称得上是问题，另外的九成都是不得已而为之。这并不是说我赞同或者维护他们。如果从道德的角度来看待这些问题，不但无法解决问题，还会引起争吵。能不能从心理创伤的角度来看待对方的问题呢？我们应该做的是努力治愈这些问题。经历了治愈心理创伤的过程，两个人可以更和睦地生活下去。我们把这一系列的过程，称之为修行。

只要虔诚地向佛祖祈祷、请求，身边的男人就会突然改变吗？并非如此。我们需要考虑的问题是怎样一起调整心态，互相包容，共同生活下去。99%的问题都是可以解决的，但有时也会遇到无论如何努力，都很难调整心态包容别人，也很难改变自己的生活习惯的人。也许，这个时候果断地分开才是最好的选择。请记住，面对虽然有可能但是很难实现的事情，及时止损才是聪明的做法。

现在，你是不是已经清楚地知道自己青睐年长的异性、对与自己年龄差距较大的对象情有独钟的习惯是从哪里来的了？这种心理的形成与童年时期的家庭环境有紧密的联系。现在我们来分析一下你交往的这位男士。

年轻的时候，你觉得对方成熟而有魅力，但随着你们的共同生活和你年龄的增长，你的想法发生了变化。当你逐渐成长之后，你发现对方其实只是和自己一样的同龄人，完全称不上成熟。你认为对方没有责任感，是因为对方不能给你你所期盼的父亲般的感觉。请回忆一下父亲的形象吧。无论发生什么，父亲都会保护你，把你放在第一位，在经济上给予你无私的支持，甚至不惜为了你放弃生命。

由于缺乏父爱，你在潜意识中渴望寻找一位跟父亲一样的伴侣，但这个人最终不可能跟你的父亲一样。你与一个人相爱和分开的原因都与之相关。你最终与男友分手，就是因为他没办法做到跟父亲一样。年轻的时候，因为他给你父亲般的感觉，你们相爱，最终又因为他没有办法继续带给你这种感觉，你选择了分手。仔细想想，你们的分开并不是他的问题，而是你的问题。

100天的感恩祈祷

那么，你需要克服什么呢？你童年所缺失的是一种想要依赖，却又没有办法充分依赖别人的伤痛。因此，你需要克服的就是想要完全占有别人、依赖别人的心理。今后再次恋爱或者结婚的时候，这种伤痛也会在潜意识中影响你，令你和对方的关系再次陷入危机之中，受到更深的伤害。结婚之后，如果丈夫的收入有限或是不擅长维系夫妻关系，你也很容易感到失望。

现代社会不是主张男女平等吗？因此，请不要认为男人就应该挣钱，或者一定要挣得比自己多。不仅仅是金钱方面，男人一定要比自己高，一定要比自己聪明之类的观念，也该随之摒弃。如果女性有能力，完全可以比男性挣更多的钱，也可以交往比自己年轻的男士。我们应该在这样自由的氛围中迎接崭新的时代，选择全新的生活。我们面对的是21世纪的现代社会，在学校里学习的也是现代社会的法则，但你潜意识中却背负着过去的思想，因此现在你的内心正与你的思想进行着激烈的碰撞。

今后，如果再想依赖别人或者出于依赖心理而做出选择的时候，请先考虑一下由此可能引发的后果，再作打算。当你知道你出于依赖心理而做出的选择可能让你再次失望的时候，你就会调整你的选择。即使真的失望，你也会告诉自己"这些我不是早就做好准备了吗"，而不会像以前一样备受打击。

这种心理可以换个角度，用登山的过程来解释。当我们准备爬山的时候，如果不知道自己将要面对的是一座高山，仅仅穿了拖鞋出门，一旦发现自己必须攀登一座高山的时候，就会备感压力。相反，如果我们事先知道自己将要攀登一座高峰，并且穿上了登山鞋，做好了充分的准备，那么面对高山的时候就不会感到畏惧。在生活中我也是如此，每当面对选择的时候，我就会考虑"这个选择可能会带来这样的结果和这些问题"。只要事先有所准备，面对结果的时候就不会感到痛苦。

因此，与其沉浸在往事中，不如将这个结果看作是人生的一种经历，这样就不会再次受到伤害。你应该告诉自己，自己只是因为太年轻，不能清楚地分析事情的原因和结果，才会一错再错。当面对新的开始的时候，应该预计到它与过去发生的爱恋可能产生不同的结果，并勇于承担相应的责任。

没有必要将与同一个人持续六年、四年的缘分看作是浪费时间，也不要将它看作是伤痛，应该将其视为认识自己的心理状态的契机。如果结婚甚至有了孩子之后再发生类似的问题，该如何是好？那将不再是一个简单的问题，它会成为一个比现在更加严重的问题，会对你自己，甚至是孩子的人生产生深远的影响。

因此，你应该明白你是幸运的，应该对与你分手的另一半心存感激。也就是说，你应该抱着"我们一起度过了人生懵懂的阶段，因为你，我认识到了自己的问题，因此，我真的应该好好感谢你"的想法，而不是"因为你的不负责任，导致了我们的分手"。

在你明白对方是让你清楚地认识自我的人的同时，你还有一件事情要做。从今天开始，请每天祈祷108次，但不要将其赋予宗教的含义，而要在祈祷的同时在心里对你的前男友说："你真的是一个值得感谢的人。多亏了你，我才认识到了自己的问题，今后我才能更好地生活。你为我铺好了为自己的人生负责的道路。真的很感谢你对我的帮助。"

大约进行100天这样的感恩祈祷之后，你心中对旧爱的念想反而会消失，只会记得那个人的优点。这些优点并不代表你还有眷恋，只是出于感恩。通过100天的祈祷，你可以放下三年来一直隐藏在内心某个角落的无法割舍的眷恋，这将会对今后的恋爱和婚姻生活都起到积极的作用。如果还有因为失败的恋爱回忆而痛苦的人，不如从今天开始尝试这个方法吧。

爱美之心人皆有之

"我今年已经32岁了，到了该结婚的年龄了，因此一直在努力寻找另一半。我理想中的伴侣应该具备几个条件，既要有出众的能力，又要有良好的性格。这些可能是大家都会看重的，但是我还有一个别的要求。"

"你有什么与众不同的要求呢？"

"我最看重的条件是外貌。虽然听上去很可笑，但是我看男人的时候，会首先注意外貌。即使是水果，也是卖相好的更可口，不是吗？我经常参加交友活动和相亲，但如果外貌不合心意，我就会打退堂鼓。但是周围人都说这是我的问题。大师，我如此苛求结婚对象的外貌，是不是真的很不可理喻？"

找对象如同买房子

正在阅读本书的读者朋友们请问问自己，真的有人不喜欢赏心悦目的外表吗？无论是男人还是女人，都喜欢美观出众的外貌。这位因为苛求男士的外貌而受到周围人质疑的女士，其实跟大家一样，或者说她只是比大家更坦诚一些。

于是，我告诉她："没关系，你应该选一个符合你的审美标准的称心如意的人一起生活。"

也许有人会觉得我是一个外貌至上论者。那么下面就听我慢慢给大家分析。

首先，追求美丽的外表本身并没有错，这仅仅代表个人的取向，就像有的人喜欢绿茶胜过可乐，有的人喜欢炸猪排胜过咖喱。但到了现实生活中，就会引发几个问题。首先想找到一眼看上去就很合眼缘的男士并不容易，因为那样的帅哥通常已经是别人的了。事实上，一个三十二岁的女人想找到这样的男人，要先考虑一下几率问题。

举个简单的例子，大家回忆一下买卖房屋的时候。买房子的人都想以便宜的价格购得房屋，相反，卖房子的人希望尽可能卖出高价。房屋和其他的不动产都会有一个大致的行情，卖房子的人希望卖出比行情更高的价格，而买房子的人则想用低于行情的价格购得房屋。这并不是什么过分的贪念，而是大部分人都会有的想法。

因此，在想要购买房屋的人中，很少会有人感叹"价格真便宜啊"，也许100间房屋里，只有2~3处会让人产生这样的想法。当然，这里所说的是相同地区、相同条件的房屋。如果价格真的比市价便宜很多，那么很有可能是房屋有什么瑕疵。但是，100间房屋中，总会有那么2~3处的价格非常便宜，真的想找的话也可以找到。只要购房人愿意付出最大的努力四处寻找，一定可以找到价格相对便宜的房源。这是因为常常有人因为急需用钱而急售房屋，所以他们的售价会低于市场价格。

相反，另一些人急着搬家，为了快点买到房子，宁愿付出比市价更高的价格。因为时间紧迫，他们愿意以高出市价的价格。但是这些人的比例并不高，因此为了找到这样的买主，也需要付出极大的努力。

虽然想买到价格低于市价的房屋并不容易，但是一旦准备购房，也容不得太多的犹豫和思考。正在四处征求意见、犹豫要不要买一处房屋时，房主却与其他的购房者签订合约的情况时有发生。有时，看了房子三天以后再回过头，却发现房子已经是他人的囊中之物了，因为要买房子的人不止一个，还有许多人也想以相同的价格买到物美价廉的房子。因此，价格低于行情的房源一旦出现在房产市场，就会被一抢而空。如果换做是我，在购买如此贵重的物品时，一定会尽快下定决心，签好合同。

现在，已经有好几个问题摆在我们面前了。首先，找房子很困难，其次，不能犹豫太久，第三，即使排除万难找到了这样的房源，也很可能因为竞争过于激烈而失之交臂。

有很多人问我："最近房地产业很不景气，房子很难卖出去。大师，有什么办法能快点把房子卖出去吗？"

方法很简单，只要定价比附近相同水准房源的市价低，就很容易卖出去。如果抱着宁可滞销也不愿意承受损失的想法，就应该定出比市价更高的价格。因为总有人因为急着买房子，愿意出高于市价的价格，所以如果抱着能不能卖出去都没关系的心态，就可以定一个较高的价格。相反，如果想尽快把房子卖出去，就应该把价格定得略低于市价，这样就大大增加了成交的几率。这就是这个世界的法则。

我只是在借房产市场比喻整个社会。寻找结婚对象也要遵循这个法则。如果想要找到外貌让自己怦然心动的男人，首先几率很低，需要付出极大的时间和精力。就像为了寻找合意的房源需要踏破铁鞋看100处房屋一样，为了找对象，要积极地告知身边的人，接受他们的介绍，用每一个周末的时间，甚至隔一天就去相亲一次。只有在相亲多次以后，才可能遇到一个与自己理想中的人很接近的人。用现在的话来说，这算不算一见钟情呢？

其次，即使遇到了自己理想中的男士，这之后的问题也不容小觑。如果遇到了这样的男人却犹豫不决，很可能会前功尽弃，正如发现物美价廉的房源后却思前想后，就很可能与心仪的房源失之交臂一样。为了避免发生这样的不幸，应该在感觉"终于找到了命中注定的那个人"的瞬间就下定决心，与这个一直想找的外形俊朗的男人共度余生。以上的两个问题都让我们发现，找到心仪的结婚对象并不是一件容易的事。

选择伴侣好像选择室友

还有一个问题值得我们思考，那就是结婚之后两个人是不是能够幸福地生活在一起。我们先不用考虑那么远，单单思考一下结婚的问题。在无数次相亲和联谊中，如果碰到了自己一直想找的外形俊朗的男生，而幸运的是对方也不讨厌自己，那么一定会心急如焚地想要迅速确定恋爱关系，牢牢抓住对方。

很多人会觉得以后的事情以后再说，只要遇到了合意的男人就先结婚再说，哪怕只在一起生活三天也值得一试。

以前只要结婚就不会轻易离婚，一心相夫教子。因为只有一次机会，所以在选择丈夫和妻子的时候总是格外谨慎。一旦做出了选择就不再有退路。但是现在人的婚姻观有了很大的变化。如果觉得外貌最重要，就会选择一个外貌出众的人先结婚再说。如果一年以后觉得婚姻生活不如预想一般有趣和快乐，就会对结婚的决定后悔不已，甚至离婚，然后一边反省"在乎对方的外貌毫无用处"，一边再去找一个有内涵的人，开始下一段感情。

另一种方法就是分两步作战。要想找一个外貌俊朗、性格优秀、经济基础雄厚、学历高又只爱自己的人结婚，其困难程度无异于水中捞月。因此，可以先找几个具备其中几项条件的人分别交往，而不是一定要找一个具备以上所有条件的人结婚。

听了我的话，也许有人说："天哪，大师，婚姻是人生大事，怎能如此儿戏。"但是，我并不是在评判伦理道德和对错，我只是认为，那些将外貌放在结婚条件的首要位置，想找一个一见钟情的男人结婚的女士，应该在具有现实可行性的方法中，找到一个可以实践的方法。要想心想事成不能只有野心，还要选择一个可行的方法。这就是我们需要面对的现实。

即使成功地结婚之后，还有一个问题需要面对。俗话说，外表出众的人会有"外貌效应"。因此结婚之后，外形俊朗的丈夫的"外貌效应"就会显现出来。男人喜欢漂亮的女人，女人喜欢帅气的男人，这是亘古不变的事实。难道仅仅因为是有妇之夫，就不会受到女性的欢迎了吗？到时候，丈夫的周围会充斥着女性的身影。这是在选择与帅气的男士结婚生活的时候，就应该预想到的结果。身为妻子会因此而感到妒忌，并设法阻止这一切，由此会引发一系列的争吵。即使心中有个声音告诉自己"算了，就此分手吧"，但一方面，离婚虽然可以结束这一切，却失去了辛辛苦苦抓住的丈夫，着实可惜，另一方面，如果继续一起生活又会相看两厌，因此妻子们常常陷入两难的境地。因此，婚姻生活很难幸福地维系下去。

外表出众的人虽然在恋爱中更有优势，但是结婚后一起生活的人，还是应该选择能够爱自己的人。大家可以想象一下与朋友的合租生活。是否按时做饭、能不能按时打扫卫生、能不能按期缴纳公摊费和公共生活费才是选择室友的必要条件。家庭条件是否富裕、长相是否出众只是附加条件，随着时间的流逝会越来越不重要。与之相比，与自己性格合适，懂得照顾他人，能够和谐地生活在一起的人才是好的室友。因此，选择伴侣的时候一定要考虑这些问题。

每一个选择都很好

无论做出什么样的选择，人生都是公平的。如果选择了自己喜欢的人自然会觉得幸福，但生活中难免要多忍让一些。如果选择了更爱自己的人，虽然生活会更舒心一些，但满足感也会下降，心中总是会有些许的失落。因此，很难说哪种选择更好。

如何选择不是问题的症结所在，任何一种选择都有其优势，很多人在面对选择的时候犹豫不决是因为不愿对自己的选择负责。选择没有善恶、对错、好坏之分，只要能够预测并承担选择的结果，任何一个选择都没有错。

很多人问我"哪一个选择更好"，我的回答是"每一个选择都很好"。常常有人说"我原本很相信自己的选择，没想到结果变成这样"。但事实并非如此。在作出选择的时候，人们通常已经对结果做出了预测，而这个结果是无法改变的。我们能做的，就是预测结果，并在结果真正出现的时候坦然地接受。如果想要避免可能出现的后果，就要准备相应的补救措施并积极实施。这就是人生。

我问那些人："老实说，你听完我的话之后准备怎么做呢？还是你还没有下定决心？"

"我也认真思考了过去的经验和因此而受到的伤害。正如大师所言，虽然也曾遇到过外貌出众的男人，但相处下来却发现并不是那么美好。这也是我至今独身一人的理由。我会认真思考大师的话，今后首先考察对方的性格而不是外貌，争取找到能够成为一个优秀的室友的男人。"

"以后你可不能因为是照着我的话去做的，就把责任都推到我身上哦。"

对于向我倾诉烦恼、咨询方法的人，我能做的只是告诉他们在各种情况下有哪些方法可以选择。至于如何选择，完全是每个人自己应尽的责任。每个人都是自己人生的主人，这是任何人都无法替代的。

爱情不是 "1+1=2"

"不久之前，我与女朋友分手了。我反复思考我们分手的原因，并拜读了大师的著作。大师书中说道'爱情也是一种贪欲'，给我留下了深刻的印象。"

与对方初见时，常常会被对方姣好的容颜和开朗的性格吸引，认为对方就是自己命中注定的那个人，怀着一颗忐忑的心接近对方。无论是什么样的恋爱，刚开始的时候总是如火山般炙热。但是，随着时间的流逝，你会逐渐发现对方与自己想象中不同的一面，并因此而感到失望，感情也会慢慢变淡。

"大师曾经说过，只要将自己的内心磨炼得足够强大，无论与什么样的人交往、结婚都没有关系。我们真的可以与任何一个人坦然地交往吗？"

爱情的关系里包含着最多的欲望

人与人相遇以后，就会形成人际关系。在这些人际关系中，有父母和子女的关系，男女相爱的恋爱关系，朋友之间的人际关系，公司同事或者业务上形成的社会关系。

通常情况下，所有的人际关系都具有追求利益的属性。任何人都希望与他人的人际交往不要损害自己的利益。人际关系中，唯一不计较得失的，就是父母和子女的关系了。父母在养育子女的过程中，完全不会考虑"抚养这个孩子会给我带来损失还是利益"。

一起长大的发小之间，也不会计较得失，因为年幼的孩子还不懂得计算得失，所以童年的朋友即使成年以后，也不会冷漠地互相算计，也因此可以维持真诚而坦率的关系。认识很久的密友之间，也很少计算得失。在这样的人际关系中，即使发生矛盾，也能够迅速化解，继续保持良好的关系。

与此相反，最容易计较得失的人际关系是什么呢？人际关系中夹杂着最多的欲望的，就是由婚姻联系在一起的夫妻关系。其次是恋爱关系。男女双方初次见面的时候，经常会问对方多大年纪，哪里毕业，专业是什么，家在哪里，将对方的学历、经济能力、家庭情况和外貌与自己心目中理想伴侣的条件进行比较。

夫妻与恋人之间的关系通常被赋予爱情的神圣意义，但仔细想想，这种关系中，恰恰包含着最多的欲望。父母和子女之间无论发生什么样的矛盾，都可以互相谅解，从小一起长大的发小，也很少会反目成仇。

夫妻之间又会怎样呢？住在同一屋檐下同床共枕的夫妻一旦离婚，两人就成了一辈子的仇人。即使初见时有再浪漫的爱情，在转身的瞬间也会成为人生的噩梦。而且夫妻如果离婚的话，子女会受到很大的伤害。自己的父母突然变成了仇人，孩子肯定会不知所措。

内心被猜疑、嫉妒和苦恼折磨

为什么曾经如胶似漆的两个人在分手以后会反目成仇呢？如果两个人之间只有爱，那么即使分手也应该成为最亲密的朋友，不是吗？之所以反目成仇，是因为男女关系之间存在着太多的利益纠纷。

新学期初次见面的孩子们交朋友的时候最看重的是什么呢？那就是义气。人们常常会把"那个人讲义气，那个人无情无义"之类的评价挂在嘴边。在选择创业的伙伴时，首先要考虑的也是对方是不是一个讲信用的人。在选择朋友和工作伙伴时，很少有人关注对方的身高五官之类的外貌条件，或是家庭情况。

而在相亲的时候，人们对条件的要求则要苛刻许多。首先要年龄合适，然后要关注身高和外貌，之后还要询问从哪个学校毕业，父母做什么工作，家庭是否和睦，有什么宗教信仰，兄弟姐妹之间关系是否融洽等方方面面的情况。

例如，对于女生来说，理想的男士收入应该高于自己，外表俊朗，学历高，头脑聪明，有魄力，同时还要温柔体贴。最好走在路上的时候对其他的女人目不斜视，眼里只有自己一个。只有这样的男人才是一个合格的丈夫。怎么样，是不是听上去有些矛盾？

个子高长相好，学历、家庭、职业全都无可挑剔，连性格都完美无缺的男人可谓是男人中的佼佼者，试问有哪个女人会不喜欢？在自己看来完美的男人，在别人看来同样具有吸引力。她们会放过这个男人吗？即使结婚之后，也会有许多女人不顾他有妇之夫的身份，展开积极的爱情攻势。如此一来，丈夫的出轨恐怕不仅是意外和偶然，而是已经可以预料到的事实。因为按照自己心目中理想丈夫的条件选出来的优秀男人，在其他女人的眼中也具有十足的吸引力。

问题是，很多女人对条件不如自己的男人，仅仅看上一眼就会礼貌地说"再见"，而对于自己想要抓住的男人，即使对方出轨也难以割舍。因为如果离开了这个男人，就很难再找到条件跟他一样优秀的男人了。最后，女人的内心被猜疑、嫉妒和苦恼折磨着，一边研究着星座算命，一边陷入深深的懊悔之中。

其实你只是爱上了爱情

这种情况的发生绝非偶然，女人在做出选择的时候，就应该预想到会有这样的结果，就像自然地想到树叶会在秋天凋落一样。树木春天发芽，夏天繁茂，等到秋风渐起，就会慢慢枯黄凋零，这是一个可以预见的过程。我们看待和思考任何事物的时候，都应该了解其内在发展的各个过程。

有些经济条件比较好的男士，在与女性相处的过程中出手阔绰，以显示自己的魅力。他们的身边总是众星捧月。但是，这些女人是喜欢他这个人，还是因为钱才喜欢他的呢？如果这个男人没有钱了，他周围的人会继续留在他身边，还是一哄而散？为钱而来的人因为没钱而离开，不也是人之常情吗？如果说这是背叛，似乎又有失偏颇。这种现象本身，就是一种真理。

权力也是如此。当你身居高位的时候，身边总是挤满了阿谀奉承的人。但当你退居二线以后，即使给子女办婚宴，也鲜有人前来道贺。大多数人一定会觉得被背叛了。但是因为你的权力而来的人，在你失去权力之后离你而去，也是情理之中的事。

如果能够做到身居高位的时候不对他人颐指气使，而是将他人看作平等的同事，互相尊重，那么即使退居二线，大部分人也依然会是你的朋友和同事。在拥有权力和金钱的时候如果能够摆脱这些东西的束缚，与他人形成亲密的关系，那么即使失去了这些身外之物，也依然能够维系良好的人际关系。相反，建立在金钱和权力上的人际关系，很容易让你再次陷入孤独中。

在恋人和夫妻关系中，利害冲突十分明显，因此一旦对方呈现出与自己的想象不同的一面，就会立刻感到失望，觉得不值得与对方结婚，认为自己看错了人，甚至指责对方。这种指责完全是因为自己的算计。

这就是现实。因此，我常说的一句话是："其实你只是爱上了爱情。"

甲之蜜糖，乙之砒霜

大家相信一见钟情的恋爱吗？一见钟情的情侣很难将一段感情长期地维系下去。所谓的一见钟情，其实就是符合自己所有条件的"理想伴侣"，这其实是一种贪欲的表现。

请大家想一想恋爱的目的吧。如果抱着"即使只能相爱几天，也要与自己喜欢的人恋爱"的目的，就不要期望这段感情能够长久地维系下去了。相反，如果想与对方天长地久，最好略微降低自己的要求。与条件略低于自己梦寐以求的理想伴侣的人在一起，双方的感情才能长久。

在与人交往的时候，应该抱着一颗纯粹的心。你可能会与一个很好的人交往，也可能会与一个一无是处的人交往。但这并不能说明恋爱和爱情是失败的，只是你与这个人的交往失败了。这种失败并不是一件坏事，就像练习打篮球一样，难道每个人都能够轻松地一击命中吗？只有经过了无数次的尝试，才能成功地把球投进篮筐里。

对于青春而言，没有哪个词比失败更加格格不入了。那不是失败，只是练习。正如人际交往需要练习一样，爱情也会经历磨难。我们应该尽可能地丰富和扩大交际圈，在与形形色色的人交往的过程中，积累宝贵的经验，并将与恋人的交往也看作是人际关系的练习，以一颗平常心来面对。这其中，有些恋爱关系只能维持一天或者一个月，而有些则长达三年以上。这段时间可以让我们更深入地了解一个人。

当感情的发展事与愿违的时候，也不要将其视为失败，应该将其本身视为练习的过程。在经历了多次的失败和练习之后，才可能自然地与自己理想的伴侣交往。这个时候，我们会领悟到无论成功与失败，我们所经历过的一切构成了完整的人生。因此人生一定是向前发展的，绝不可能后退。古往今来的圣人们从来不会对处于矛盾之中的恋人们说"继续"或是"放弃"，他们只会让大家试着理解对方。

与人交往的时候不需要太多的犹豫和算计，只需要倾听自己内心的声音。如果自己向对方表明心意，对方却拒人于千里之外，那么就潇洒地转身离开。如果认为自己的告白遭到了对方的拒绝，无疑会觉得受伤，但事实上，你只是给了对方一个选择的机会，并尊重了对方选择的权利。这其实就跟"甲之蜜糖，乙之砒霜"是一个道理。

年轻的时候不要害怕与各种各样的人交往，因为通过与人交往，你可以学到很多。即使偶尔有些彷徨也没有关系，只要迅速坚定自己的意志打起精神就好。犯了错误也不要害怕，还有改正的机会。失败也不要沮丧，可以从头再来。因此，要永远保持积极的心态，不要畏惧迷茫的前路。如果总是想要退缩和隐藏自己，恋爱的道路就会崎岖坎坷。成长所经历的苦难会让人对未来更加自信。

在人群中
问路

不想去公司的人

"七年前，我历经千辛万苦，终于找到了一份好工作。当时我十分幸福，没想到此后的生活却并不如意。我最大的烦恼是没有办法适应职场生活。我很难适应这种为了利益把人逼到非人状态的职场文化，觉得压力很大。"

"你觉得最困难的一件事情是什么？"

"最困难的是与同事之间的人际关系。在这里，只要你出了一点错误，就会受到别人的指责和诋毁。不仅是对人，很多同事对公司也有很多的不满。但是相处之后，我自己也被影响了，总想抱怨公司。"

"你是不是觉得在与同事的相处中，自己不知不觉地受到了不好的影响？"

"我认为问题出在我身上。我性格比较谨小慎微，很在意别人的眼光。回想起来，我从幼儿园开始，就很讨厌和别人相处。从幼儿园到小学、中学，我是一个讨厌上学的孩子。但是为了上大学，我一直在坚持。当然，工作也是无法逃避的，好不容易找到一份不错的工作之后，我只能对自己说'坚持'。但工作要做到什么时候完全是由自己决定的，所以我很担心自己还能坚持多久。我应该找一份跟我自己的性格相符，可以独自完成的工作呢？还是先努力离开现在的工作呢？"

乐观能激发潜能

在这个就业十分困难的时代，那些正在图书馆里埋头读书准备步入职场的学生，恐怕会想"这难道也值得苦恼吗"，但是对于这位已经在职场磨炼了七年的女士来说，只要一想到公司的事情就觉得压抑和痛苦，眼泪忍不住在眼眶里打转。

在解决这个烦恼之前，我想给大家说一个有趣的故事。

有一天，一位女士找到我，向我抱怨她的孩子学习不好，我问她孩子的成绩大概排名多少，她回答道："第五名，但是班上排名第五的话根本考不上首尔大学，可能连延世大学、高丽大学都考不上，大师，我该怎么办呢！"

这位女士抱怨了一会儿之后就回去了，我又接待了下一位客人，正巧，她也是来找我倾诉子女的教育问题的。

"我的孩子在班上只能排到第十名，他到底应该考哪一所大学呢？我真的很担心。"

我告诉她，在她之前的那位客人也因为孩子的问题苦恼不已。

"她的孩子能排第几名？"

"大概第五名。"

"天哪，第五名还不够吗，还有什么可烦恼的？排到第十名的话，别说高丽大学、延世大学了，能不能上一所位于首尔的四年制大学都成问题。"

这位女士回去之后，又来了一位因为类似的子女教育问题而苦恼的女士。我告诉她之前两位的故事之后，她说：

"第十名还有什么好担心的，哪怕我的孩子能排在中等，我都会心满意足的。"

之后又来了一位向我倾诉类似烦恼的女士。

"我的儿子成绩排名倒数，倒数啊。我觉得实在是太惭愧了，都没脸见人。我只希望他脱离倒数的队伍，哪怕成绩中等我都会心满意足的。"

在她之后来的一位女士说：

"至少她的孩子还在上学啊，我的孩子都不肯去上学，真让我头疼。"

之后又进来了一个人，气急败坏地说道：

"不肯去上学有什么好担心的，我只求我的孩子不要再惹是生非了！"

这时，又进来了一个人，叹了口气说道：

"孩子成长的过程中肯定会闯祸，让家人操心。即使他闯了祸，甚至进了监狱，但是他至少还活着，可是我的儿子已经不在人世了。"

听完这个故事，大家有什么想法？每个人都会有自己的烦恼，这种烦恼是没有止境的。很多人觉得，只要我心中的愿望实现了，我就不会有烦恼了。但即使你实现了你的愿望，你也会产生新的欲求、欲望和愿景。如果不能实现它们，你又会陷入新的烦恼之中。因此，我们的人生就是由无止境的烦恼组成的。

因为我们内心充满了欲望，所以我们总在思考如何才能解决问题，且这种欲望永远都不会停止。解决问题的唯一办法，就是知足常乐。那么，怎样才能学会知足呢？想想之前提到的家长们的例子吧。我们总是在不断地与其他人比较。假设孩子排在班里第十名：

"还有很多孩子排在最后呢，第十名已经很好了。"

"有超过一半的孩子排在第十名以外呢，要是我的孩子能排在第五名就好了。"

现在大家应该知道，面对同样的情况，人们的想法是多么的不同了吧。我们需要的，是一种乐观看待事物的态度。乐观地看待事物至少有两个优点，其一是能够让心情愉悦，心态放松，其二是能够激发我们身体和内心潜藏的能量。拥有这种人生态度的女子即使不化妆也能够容光焕发，艳惊四座，男子即使相貌一般，也没有通过整形手术改变外貌，依然能够散发迷人的魅力。

摆脱悲观的困扰

听完了之前那位前来咨询的女士的苦恼，我最大的感受就是她一直在用悲观的态度看待每一件事。这完全是她自己的心魔。这并不是她最近才有的问题，而是从幼儿园时期就伴随着她的性格问题。

她结婚以后会怎么样呢？为职场问题而烦恼的人也许会认为，只要结婚之后在家做全职太太，所有的烦恼就都烟消云散了吧。不会再有错综复杂的人际关系需要操心，只要用心和丈夫一个人相处就可以了吗？多么天真的想法。

我相信，用不了几年，她就会一边感叹"我要如何和眼前这个男人过完这辈子"，一边苦苦支撑起自己的家。因为一旦辞职，她原本集中在职场中的烦恼就会转移到丈夫或者家人身上。

她的困扰是永远都不会消失的，因为这种烦恼来源于自身，而不是外部环境或是其他人。它就像一个影子一样围绕在她身边，与她形影不离。

无独有偶，现实生活中有很多跟她一样的人，无论在学校还是在工作中都十分拼命，一刻都不曾松懈，但他们却从没感受过幸福。

可是，这样的人生又有什么意义呢？即使短暂，也要自由而幸福地生活，这样的人生才算是死而无憾。

为什么会这样？是因为，我们直到目前为止，依然没有摆脱用悲观的眼光看待问题的习惯。这种习惯是一种心魔，让我们不知不觉地以错误的标准和偏见来看待这个世界。无论事实如何，我们都会愚蠢地以悲观的标准来歪曲事实，引发一系列的误会。即使听到自己灵魂深处的劝告，我们也没有办法积极地看待问题，而是会自然地产生"所以呢？这样还是没办法解决我的困扰啊"之类的悲观想法。长此以往，自己的人生也变得十分疲惫。

从现在起，必须克服这样的想法，练习用积极的态度看待周围的事物。不要再因为公司的业务，或者要不要去上班而烦恼，而是应该先改变自己看待公司的负面态度，把公司当成是改正自己的坏习惯的练习场所。用佛教中的话来说，就是把公司当成自己修行的道场。

首先，在同事们取笑或者在背后辱骂别人的时候不要参与，也不要在背后说别人的坏话。也许有人会问，别人都这么做的时候，怎么样才能置身事外呢？要学会无论别人怎么做，都不要被影响。

我们的人生到底受到了别人多少影响，以至于连在背后议论别人这样的恶习都照搬不误呢？即便如此，很多人依然在模仿着别人的举动，从未想过改变自己的生活方式。因此，我们要经常练习不被他人影响，坚持过自己的人生。当同事们在取笑别人或者抱怨公司的时候，试着置身事外，不要参与。

"当有人责怪别人的时候，能不能做到悄悄地置身事外，而不是有意无意地随声附和呢？"

"可以的，今后你就把这当成是一个目标，努力完成吧。"

虽然已经定下了目标，但现实中，当有人在指责他人的时候，你可能还是会不知不觉地随声附和。这是因为你的意志不够坚定。但即便如此，你还是能够感受到自己的变化。因为自己已经下定决心改变，所以至少能够理智地回过头反省以前的自己。

以悲观的态度看待事物的习惯，还可能让人陷入"我是个失败的人，看，我即使给自己设定了目标也没办法完成"的想法中。一定要杜绝这种想法的出现。即使"这次失败了，不知不觉就被别人影响了，又在用否定的态度看待事物"，也要抱着下一次一定会成功的信念，将这一次的失败看作是练习。

两方对立时，笑的一方会赢

另外，那位向我倾诉烦恼的女士还告诉我，她们公司总是把员工逼到一种非人的状态。虽然公司的制度有不人道的地方，但是也请先放下这样的想法。

要想改变这种不合理的公司制度，首先应该改变自己，只有改变了自己才有可能改变别人。如果将自己的问题全部归咎于公司，那么问题永远都不会解决。但是通过与这位女士的对话，我发现她并不具备改变世界、改变公司的力量，因此她首先应该做的是过好自己的人生。

第二种方法就是以"乐意效劳"，"全力以赴"这样积极的态度接受公司布置的任务。只要是公司下达的任务，无论是夜班、早班，还是要求长期工作的项目，都应该积极地面对。如果自己无法完成任务或者犯了什么错误，就大方地说声"对不起"，以示歉意。与同事聊天的时候不要一起在背后议论别人，而要将每一次交流看成是练习改正用负面的态度看待事物的机会。在工作中可以把注意力放在改正自己消极的态度上，而不是工作的烦恼和琐碎上。这样多好，在提升自己的同时还能领到公司支付的薪水。

在生活中，我们经常遇到一口答应下来之后却又做不到的事情。这并不是我们有意撒谎，而是我们虽然下定决心，但依旧没办法战胜现实。这个时候我们应该做的不是辩解，而是说一声"对不起"。这句话一开始可能很难说出口，但尝试几次之后就会变得容易。

有了积极看待事物的态度，能够积极地面对同事和公司以后，就可以把注意力从自身的问题转移到组织或者公司的问题上来。如果有"只要稍稍做一些改变，就可以让同事们的工作更加轻松快捷"的想法，可以试着将其变为现实。如果只关注自己的烦恼，很可能陷入自怨自艾的情绪中，但如果能够关注到别人的困扰并想到解决的方法，这就是改变的开始。

例如，其他的同事虽然抱怨连连，但却不敢当面顶撞主管。这个时候，你可以笑着对主管提议"你认为在这里做一些改变如何"，然后无论主管怎么说，你都要回答"是的，知道了"，然后礼貌地离开。第二天，你可以拿着写好的文案再次问他"你认为在这里做一些改变如何"。无论他生气还是发怒，都不要被影响。

两方对立的时候，哪一方会赢？一定是笑着的那一方。如果你带着怨气，那么两三次之后，你就会觉得"哎，真烦人，我是不是该辞职了"，然后放弃自己的目的。但如果你一直淡定平静，你可以去提十次二十次的意见，为最终的改变付出自己的努力。这就是我们说的没有流血的革命。流血的革命会让生灵涂炭，也会让自己受伤。但是平静的革命可以在没有流血的情况下改变我们的世界。

要想做到这些并不容易，因此我们只能先做好自己。早上起来以后，请先真诚地向佛祖或者上帝祷告："感谢您让我健康地活着，让我有地方可去，有工作可做。"然后开始一天的生活。对朋友、父母、同事、丈夫或是妻子，也请保持感恩的心，并适时地表现出来。要相信自己有比别人更优秀的条件，有权利过上更幸福的生活。

用积极的态度看待事物，你会发现一直以来让你痛苦和烦恼的事情是多么的微不足道。

游戏般的学习秘法

在与年轻人交流的时候，最常听到的问题之一就是如何才能集中精力学习。

"我正在备考。我准备了很长时间，觉得十分辛苦，因此特来向大师请教，怎样才能战胜在学习的过程中有意无意出现的负面情绪呢？"

"负面情绪是指对现在正在学习的内容产生怀疑？"

"我苦恼的是经常回想起自己过去失败的瞬间，或是与别人发生争执的情景。另外，独自学习一整天之后，常常会觉得孤独。因此，我很想与朋友聚会、玩耍，但如果我这么做了，又会因为影响了自己的学习而陷入深深的自责之中。"

"也就是说，与朋友玩乐会让你痛苦，闭门谢客独自学习也会让你痛苦？"

"是的，怎样才能战胜突然袭来的孤独感呢？"

迅速从幻想中清醒过来的方法

到底有没有一个立竿见影的办法可以解决他的烦恼呢？答案是没有。其实，这是很多人的烦恼，不仅仅是向我咨询的人。

但是，我们能不能因为没有解决的方法就对这个问题放任不理，任其发展，独自懊恼呢？当然不能，还是齐心协力找出一个行之有效的办法吧。

首先，我们的第一个烦恼是学习的时候总会胡思乱想，且大部分都是自己的幻想。这个时候最重要的是自己要及时地察觉，意识到"我又在胡思乱想了"。当你脑中出现这些无用的杂念和幻想时，不要再漫无目的地坐在书桌前，应该起身洗一把脸或者去运动场跑一圈。能够让自己迅速地从幻想中清醒过来的方法就是让身体动起来，然后以全新的面貌和心态投入到学习中。

事实上，除此之外也没有别的方法了。当这些莫名其妙的想法出现在脑海中时，我们很难用自己的力量控制它。如果能够控制的话，又怎么会出现这些想法呢？正因为这些想法不管你愿不愿意都会不自觉地浮现出来，才称之为幻想。问题的关键并不在于这些想法，而是这些杂念和幻想吸引了我们的注意，让我们沉浸其中。

但是，如果能够意识到幻想和杂念的出现，情况就大不相同了。只要按照我刚才所说的方法，从椅子上站起来，这些想法就会立刻消失得无影无踪，不会再给你造成困扰。

人类即使在睡眠状态下，也在不断地思考，但是一种想法不会永远持续下去。一种想法出现然后消失，另一种想法又出现，直到又有一种新的想法浮现，然后又消失。这就是幻想持续反复的过程。

请每天做点冥想训练

帮助人们练习察觉幻想的出现的最好方法是冥想训练。这个方法非常简单，每个人都可以尝试。

进行冥想训练时，要先静坐，然后闭上眼睛，将注意力集中在鼻尖，深呼吸。在注意力集中，毫无杂念的情况下，你会在吸气的时候感受到"气息进入了我的身体"。刚开始的时候，能集中两三分钟已经很好了，过一会儿你将很难意识到气息的进出，因为你的脑海中已经浮现了其他的想法，你已经在不自觉的情况下被影响了。这个时候不要轻易放弃，应该再次将注意力集中在鼻尖，感受自己的呼吸。

也许一开始会很困难，但是请坚持反复练习。冥想训练的目的不是要去除心中的杂念，而是让人不被盘旋在脑海中的杂念影响，集中注意力。经过数十遍数百遍的练习，经历了无数次的失败，你集中注意力的时间由原来的三十秒提高到了一分钟、两分钟、三分钟，从原来的屡屡失败，到一百次中成功一次，十次中成功一次，两次中成功一次。

这种集中注意力的行为,在佛教中称为禅定,是指全身心地专注于一件事物,让心静下来,没有杂念,不被打扰。反复进行集中注意力的训练之后,在学习的过程中即使胡思乱想,也能够以最快的速度再次集中精神。

事实上,没有一种方法能够去除盘旋在脑海中的杂念。因为这些想法的浮现,就像水分蒸发一样自然。但是,我们有办法让自己不被这些想法影响,只要不断地练习,当这些想法出现的时候,我们就能够及时地提醒自己再次集中精神。像这位前来咨询的年轻人一样的初学者在练习的过程中可能会遭遇挫败,这个时候如果能够转换一下环境,会对练习起到一些帮助。不光是胡思乱想,学习中犯困的问题也是如此,解决的办法就是去洗个脸或者散个步,转换一下心情再投入到学习中。这种方法是一种很好的应急措施。

根本的解决方法就是不断地练习注意力集中大法,让自己不再受杂念的影响。任何一个人坐着不动的时候,都免不了会胡思乱想。我自己也有这样的烦恼。但是,通过反复的冥想练习,我掌握了集中注意力的方法,因此即使脑海中浮现出奇奇怪怪的想法,我也丝毫不会被影响,即使受到了影响,我也能够很快回过神来,再次集中精神。从今天开始,请每天抽出一点时间做冥想训练吧。

两种战胜孤独的方法

我们一起来思考一下第二个烦恼——孤独。孤独也是人类几个根本的烦恼之一。在本该活泼开朗的二十岁，要怎样解决与年龄不相符的孤独感呢？

下面的两种方法也许不能完全解决问题，但可以缓解这个问题。第一种方法是专注于自己喜欢的事情。如果我真的有什么急事，即使路上有美女我也不会驻足观望。如果不是出于使命感或是义务，而是自己真正喜欢、为之疯狂的事情，那么即使有朋友招呼自己去看电视看电影，也不会有丝毫的动摇。

例如，一个赌徒在赌博的时候会对妻子的话完全充耳不闻。因为他的全部注意力都集中在了赌博上，所以妻子愤怒的目光和抱怨完全不能干扰到他。

因此，如果一个人能够将注意力全部集中在自己正在做的事情上，就很难被那些虚无缥缈的私心杂念所影响。我们之所以不能全身心地投入，是因为现在学习的是自己不喜欢或者不需要的东西，只是为了就业和学历不得已而为之罢了，因此，我们在学习的过程中总是会有很多私心杂念。

战胜孤独的第二种方法，就是结交一些年龄相近的朋友，与他们一起畅所欲言。但是，回家之后请不要因为自己刚才的贪玩而后悔，而是要想："今天出去玩了很久了，与朋友畅谈之后，我的压力似乎减轻了一些。现在我要继续学习了哦。"

跌倒了，就爬起来

与其在学习的时候陷入深深的孤独和私心杂念中，变得消极而沮丧，倒不如尽情地玩耍，然后再集中精力学习。没有什么比花时间后悔、懊恼、自怨自艾，却又不好好学习更愚蠢的事情了，因为这会造成二次浪费。

假设我们已经做好了每天学习十个小时的心理准备，但是我们的身体却不可能一动不动地坐在书桌前。坐在书桌前因为后悔、懊恼、孤独而花上三个小时胡思乱想再用剩下的七个小时学习，和花上三个小时与朋友聚会玩耍之后再用另外的七个小时学习没有本质的区别。问题的关键是怎样才能更有效地利用时间。即使我们一直坐在书桌前，我们也不可能每一分钟都在学习。

如果自己想放松一下，跟朋友出去玩乐，请不要用负面的眼光来看待这件事。在外出游玩之后懊恼"哎，为什么要出去玩，又浪费了很多时间"，与跌倒之后不立刻起身离开，而是坐在原地懊悔"我怎么会跌倒呢？已经跌倒好几次了"是一样的，此刻的你被挫折和绝望包围了。

　　我们应该学会在跌倒之后立刻起身，大步朝前走去。即使下定决心"不要再跌倒"以后又再次跌倒，也没有必要绝望，说一声"已经跌倒三次了"，然后起身向前走去即可。无论跌倒三次还是十次都不重要，请简单地告诉自己："跌倒了，就爬起来。"如果在前进的道路上再次跌倒，就对自己说："我又跌倒了，我应该再站起来。"只有这样才能勇敢地前行。坐在原地懊恼自己跌倒了三次还是十次完全没有意义，因此不要用绝望和受挫的态度面对失败，而要将其视为练习，积极地接受它。

　　我们生活的世界是由我们创造的，而世界并不能改变我们，因此我们每一个人都应该具备积极地看待事物的眼光和接受挑战的心态。

　　年轻人只要具备挑战的意识，就能够无往不利。因此，请不要忘记用更加积极的态度去看待事物，迎接挑战。

感情怎么会变

"我有一个交往了五年，并下定决心要一起步入婚姻殿堂的伴侣。他虽然有一次失败的婚姻，但因为我爱他，所以我能够理解他的痛苦。但是突然有一天，我们约好要见面，结果他只发来一条他喜欢上了别的女人的短信，留下我孤零零的一个人，从此断了联系。"

如果自己还沉浸在悲愤中

听完这个故事，大家一定会对这位女士的痛苦感同身受，指责那个男人"怎么会这么没良心"。大家都不是圣人，对方这样决绝地离开，当然会觉得难受。虽然可以用撕毁照片打骂对方的方式来发泄愤怒，但这很难从根本上解决问题。要不要让别人替自己去教训那个男人"因为有你这样的人，把男人的脸都丢光了"呢？这虽然也是一种方法，但并不能够解决问题。

惩罚可以作为对对方的报复，让对方痛苦，但是能够给自己带来什么呢？其实冷静下来想想，报复并不能给自己带来任何改变。虽然愤怒的报复可以给对方带来痛苦，但是也无法给自己带来利益。现在应该做的，是找一些对自己有利的事情。与那个男人关系的破裂已经是既成事实，覆水难收了。既然已经是过去的事情，如果自己还沉浸在悲愤中，那么只能让自己痛苦、心痛、流泪。

"虽然一开始的时候觉得备受打击，痛哭不止，但随着时间的流逝，我对于分手一事也能够坦然地接受了，因此希望能够与他好聚好散。我主动给他打了一个电话，结果你知道他说什么吗？他像是宣布一项决定一样告诉我，他遇到那个女生以后内心激动不已，无法控制，不得不跟我分手。我努力让自己当作什么事都没有发生，继续生活，但是内心痛苦不堪。夜晚的时候，我经常在那个男人给我发残忍的分手短信的噩梦中醒来，无法入睡。"

千万不要错第二次、第三次

即使分手，也应该互相保持应有的礼貌。这位女士在分手的过程中，受到了很大的伤害。男友通过短信息宣布分手的举动，是射向她的第一支箭。她中箭以后痛苦了很久并反复思考之后决定给男友打电话说明一切，结果却中了第二箭、第三箭。可以说，她中了一箭之后，又给自己创造了中第二箭、第三箭、第四箭的局面。并不是她的男友要折磨她，而是她自己在折磨自己。

佛家的经典中有这样的话："错一，错二，不错三。"

每个人都无法避免肉体上的痛苦。但是是否要承受精神上的痛苦，则取决于你自己的选择。让你内心痛苦的东西，原本就是无声无形的幻象。你内心的痛苦，其实就是射中你的第二支箭。大部分人被第一支箭射中以后，都会朝自己射去第二支、第三支甚至第四支箭。他们沉浸在忧郁和担心的无限循环中，不断给自己带来痛苦。

我询问了这位难以平复自己心情的女士一些关于她男友的问题。

"客观地来说，那个男人怎么样？"

"他外表看上去十分儒雅。"

"事实上，你不应该说他只是看上去儒雅，应该说他的确很儒雅。因为他背叛了你，所以你觉得他只是表面上儒雅，是吗？如果你们现在还在一起，你就不会在前面加上'看上去'这个词了吧。他在别人眼中应该算英俊吧？"

"是的，论外貌的话他不会输给别人。"

"他是不善言辞的类型，还是幽默风趣的类型？"

"他说话还是很风趣的。"

"他的工作好吗？"

"不好，因为他是个自由撰稿人，所以收入不太稳定。事实上，他的性格中有一些怪异的成分。也许他第一次婚姻失败也是因为这个。与我交往的过程中，他也经常乱发脾气。虽然他有孩子，但是我并不介意。初次见面的时候我觉得我们很投缘，现在想来，不知道是不是因为我的虚荣。"

如此看来，他是一个外表俊朗，说话风趣的男士，但是经济条件一般，而且已经有一个孩子，性格也不够好。这样的男士适合作为朋友相处，如果想要作为结婚对象，则有必要站在旁观者的角度仔细思考一下。他并不是一个传统意义上的优秀丈夫人选。在婚姻生活中，生活情趣固然很重要，但是对方的性格也不可忽视。另外，抚养孩子本身也不是一件容易的事。与自己亲生的孩子之间尚且可能出现问题和隔阂，如果不能抚养好丈夫与前妻所生的孩子，很有可能听到"继母又在折磨孩子"之类的闲言碎语。

但是，与这样的人保持朋友关系则不会有什么问题。即使性格不好，也不会给日常的交流和相处带来太大的障碍。作为朋友，只要有一起聚餐喝茶的经济条件就足够了，孩子也不会成为友情之间的障碍，因为对于朋友来说，有没有孩子并不会带来什么影响。

这位女士与男友的分开，从结果上来看其实是一件好事。如果他以"我已经有一个孩子，性格也不够好，又没有什么经济基础，你跟我结婚会很辛苦"为理由要求这位女士分手，结果会怎么样？也许她会更加深爱她的男友，下决心克服一切障碍追求自己的爱情，无论周围人如何劝阻都会跟这个男人结婚。

其实，这个男人比我想象的更爱我，他为了让我死心才告诉我他有了新女友，这样我就能彻底忘记他了。这样想的话，心里就会舒服很多。

与未来遇见的人谈一场更幸福的恋爱

因此，我们应该对与我们分手的男人表示感谢，完全没有必要沉浸在愤怒中，夜夜以泪洗面。从今天开始每天祈祷，并试着在心中说："某某，我曾经认为你背叛了我，伤害了我，但是我转念一想，其实你正是因为爱我，才将我从未来可能发生的不幸中解救了出来。你对我的冷漠，是因为你甘愿独自忍受痛苦，给我们的关系画上句号。谢谢你。"100天之后，你的愤怒就会消失，你会从心底里感谢那个男人。

逝去的缘分给我们留下的不仅是伤痛，还有宝贵的经验，帮助我们成为现在的自己。与那个男人交往的五年，一段宝贵的人生记忆。如果现在陷入对对方的怨恨之中，不止白白错过了过去的五年光阴，在今后与他人的交往中，这个伤疤还会时不时地隐隐作痛。只有认识到"我因为认人不淑，不慎跌入了深渊，但所幸那个男人先离开了我，我得以重获自由"，今后才能遇见新的人，谈一场对的恋爱，直至顺利地步入婚姻殿堂。

如果能将过去的五年当做人生宝贵的经验，一定能够与未来遇见的人谈一场更幸福的恋爱。

在爱情面前变得矮小的纯情男

"我今年已经二十六岁了，但是我从没有交过女朋友。我单位的同事都是一些三十多岁、四十多岁的单身大哥，我看着他们，很担心自己以后也会孤身一人。但问题是，我在女生面前会非常紧张，完全不知道该怎么办。"

"我今年已经五十九岁了，一直孤身一人，不是也生活得很开心吗？你才二十六岁，到底为什么这么担心呢？"

"大师曾经说过，恋爱也需要经过失败的洗礼，但是我连练习的机会都没有呢。"

克服面对异性时的紧张情绪

人和人初次相见的时候，如果其中一个坐立不安，另一个人很容易跟着紧张起来。这位年轻人在与异性见面之前就会在心中暗暗发誓："我到现在连一次恋爱经历都没有，我一定要谈一次恋爱。"因为这种心理，他与女性相处的时候总是会紧张和不知所措，莫名地担心别人会不会误认为自己动机不纯，品行不端。

以这种状态与异性相处，恐怕90%的异性都会产生厌恶和恐惧的心理，只有不到10%的异性会对他产生好感，因为他只想着自己的目的，完全没有考虑对方的感受。他不知道，也许那个让自己脸红心跳的异性，此刻正在为家庭问题烦恼或者为就业问题而担忧，完全没有谈情说爱的闲心，更不会了解她有没有男朋友，如果没有男朋友的话想不想找男朋友。如果毫无准备地向对方告白，很可能因为对对方的关心不够而遭到拒绝，又或者稍一疏忽就被别人当成疯子看待。任何一个女性在面对男性突如其来的告白或求婚时，都会觉得为难。

"事实上，有不少和我一起工作的女同事比我小三四岁，我对她们也很有好感，但是一想到要与她们交谈，我就很害怕会被她们当成一个奇怪的人。"

我很想劝这位对女同事抱有"非分之想"的单纯男先放下自己的企图，因为即使他想与对方成为男女朋友，也应该先了解清楚对方到底需不需要一个男朋友。另外，不要将自己的目标定为"女友"，一旦放弃这种一定要谈一场恋爱的想法，自己的言行举止就会自然许多。可以把同一个办公室每天都要见面，年龄又比自己小的女同事当成妹妹来相处，当对方有什么困难的时候，就伸出援手，这样自然能够与对方熟悉起来。

这个方法的优点是能够克服在面对异性时的紧张情绪，因为心中没有过多的奢望，同时也能够减少与对方相处过程中出错的几率。双方的相处并不是建立在男女有别的基础之上，而是以同事的身份，像朋友一样相处。

等到两个人互相有了一定的了解之后，在某一个瞬间，你会忽然明白对方需要的是什么。对方可能会向你咨询一些不明白的问题，或者让你帮忙做一些接电话之类的琐事。

在你帮忙做好这些小事之后，对方对你的评价也会有所好转。这样经过一个月、两个月、三个月，在某一个瞬间，你就能够清楚地了解对方的状态。如果双方能够自然地彼此吸引，当然是皆大欢喜，即使不能，也可以积累同事之间的信任感，这种信任感继续发展下去，就能够顺利地进入到你希望的男女朋友阶段。

思想单纯的男士如果匆忙开始一段感情，常常会被女性伤害。因此，不要一开始就将目标设定为寻找一个终身伴侣或者步入婚姻，而应将其视为与女性交往的训练，不用投入太多，只要像朋友一样轻松地相处就好。

年长的姐姐更适合做第一个对象

每个人的内心都隐藏着自私的一面，但这并不代表自私的人就是坏人。人本来就是自私的，因此只有了解并容忍对方内心自私的部分，人际关系才能够更加和谐。这并不是要大家无私地包容对方，而是让大家坦然地面对自己自私的一面。

我认为，对于那些一次恋爱经历都没有的单纯男来说，与其以异性的身份去结识女性，倒不如常去一些教会、寺庙之类可以自然地与人交往的地方。在教会和寺庙可以遇到有相同信仰的人，有利于进一步的交往。从理论上来说，与年纪比自己小的女朋友相比，年长的姐姐也许更适合作为第一个交往对象，这样能够减少今后陷入危险的机会。

其实，最重要的一点就是充分地练习与人的交往，这样如果遇到了合意的人，就能够自然地发挥自己的优势，顺利与之交往。

我的爱情是单行道——单相思

"我正处在一段十年的单相思之中，在过去的十年里，我都以与单恋对象结婚为最终目标。我曾经想对她表白，但当时我只是个还在找工作的年轻人，完全不知道该怎么开口。我该怎么办呢？"

"老实说，我建议你还是保持单恋的状态吧。"

经过了十年单恋的人，即使与对方结婚也很难幸福，相反，很容易发生争执。

从宗教的角度来说，你单方面地崇拜着佛祖，不会产生任何后果，对上帝的崇拜也是如此。因此，迷恋和喜爱一个人的心情，本身也没有任何问题。

爱情本身是没有错的，歌词中所说的"爱情是眼泪的源泉，憎恶的源泉"其实是一种误解。爱情之所以会带来眼泪、憎恶和怨恨，是因为渴望得到回报。因为希望得到与自己的付出相等的回报，爱情才会变成眼泪和憎恶的源泉。人都有希望自己的付出得到回报的心理，如果自己付出了"10"却得不到"10"的回报，就会产生怨恨。

如果想和单恋的对象保持良好的关系，就不要奢望结婚，保持单恋的状态。大家是不是以为如果最后能与单恋的对象一起生活，一定会过得幸福美满？但出人意料的是，结果可能完全不是这样。

举个例子，有人听了我的演讲对我产生了好感，甚至希望与我一起生活。但一旦生活在一起，就会失望地发现"怎么会这样"。这就是大家常说的希望越大，失望越大。事实上，僧人的生活与平常人并无二致，如果说我们的能力值是"100"，而大家就像看电视一样远远地观望我们的生活，会误以为我们的能力值是"200"。等到亲身经历以后，就会因为感受到这两个数字之间的落差而失望不已。

能够单恋对方十年，说明心中对对方的期望值一定很高，但对方可能根本达不到这样的期望，因此还是不要与单恋的对象结婚比较好。如果能一直保持这份单恋的心情，内心一定会充满幸福，因为只要怀着爱一个人的心，就会努力让自己做一个从行为到思想都更加优秀的人。大家是不是想到心中所爱的人，就会心满意足呢？这种单恋的心情，恰恰是最美的。

在人群中问路

"大师们读的佛经或是《金刚经》之类的经典里并没有与爱情有关的内容，大师应该也没有恋爱的经验，为什么能够有条有理地分析与恋爱有关的事情呢？"

交谈本身也是一种学习

作为一个修行的僧人，我为人们解答与爱情相关的烦恼时，不时会遇到抱有类似疑问的人。这些对爱情抱有幻想的人，没有意识到我跟他们一样，也是芸芸众生中的一个。我虽然与大家没有什么不同，但是我比一般人更喜欢研究问题。我每遇到一个事物，都会问自己"为什么会这样""为什么要这样解决这个问题"，并不断进行研究。

例如，在修行的过程中，我常常断食。那个时候，我会研究"在饥饿的情况下心理会发生什么样的变化"，并寻找解决方法。在断食期间，如果出去演讲，接待方一定会准备一些特色食品招待我，对我说"大师，请品尝一下"。我会观察自己的内心在面对这些食物时会有什么样的反应，而内心的变化通常是由欲望引起的。

虽然我的学历只有高中，但是我每天早上读报的时候会把所有的信息都当成学习的内容，连边边角角的豆腐块文章也不放过。我认为，值得我们学习的东西数不胜数。例如，我曾与在菲律宾发动政变的"摩洛民族解放阵线"的首领进行过交谈。这是一个要求独立的团体，成员均为生活在菲律宾南部的棉兰老岛的伊斯兰教徒。我与这个叛军组织的首领交流，是因为我在该地区开办学校的过程中发现，这个岛急需加强对治安的维持。

大家都认为棉兰老岛十分危险，避之唯恐不及。很多人也对我要去那里的原因疑惑不解，并出于安全考虑表示反对，更何况我要见的人是叛军的首领，实在是太危险了。我的想法是，与他们面对面进行对话之后，无论能不能得到他们的认可，我都能够知道他们这么做的原因，并决定我下一步应该怎么做。如果我不去与他们交谈，也许我到现在都只能猜测他们的想法。这种交谈本身也是一种学习。

研究心理可以更好地理解别人

我常说不要害怕失败，而且我自己也的确经历过无数次的失败。失败也是一本很好的教科书。只有成功的人生很难得到成长。在考试的时候，我们也常常为了找到一个做错了的问题的答案尝试各种方法，并且在这个反复的过程中加深对知识的理解。只有经历了失败才能获得全新的结果，并且让自己成长。

我们都在不断地进行着尝试，在失败中寻找新的契机，然后不断地挑战。可以说，直到昨天为止我们都是在练习，只有今天是实战，而到了明天我们面临的又是全新的挑战，今天的一切将成为过去。我并没有什么不可告人的秘密，也没有什么异于常人的地方，我只是一直都抱着这样的心态在生活。

通过研究人的心理可以更好地理解别人，在与别人的交谈中，我一直在对比别人的想法和自己的想法。人的心理具有一些相似的性质，但是由于环境和成长的背景不同，对于同一件事物会产生不同的想法。因此，误以为每个人的想法都和自己一样，是一件十分危险的事情。但是，认为每个人的想法都千差万别，无迹可寻也是错误的。每个人的想法都有共同点，也有差异性。只有充分地了解共同点和差异性这两个方面，人际关系才能够更加和谐。

在生活中，人们通常失败了就重新来过，成功了就继续挑战新的事物。是不是可以从结果的角度出发，认为前一种是失败的人生，而后一种是成功的人生呢？完成两件事情，和尝试了两次完成一件事情，其实没有本质的区别。把一件事情重复十遍，和完成十件事情，也没有本质的区别。许多为人类文明做出伟大贡献的人，就是在十次二十次，甚至数百次的失败之后才有了新的发现。因为这些伟大的发现，他们值得我们尊敬。在一件事情上获得成功的人数不胜数，也许这些人会风光一时，但是在多年之后还因为创造性的发现而备受尊敬的人，又有多少呢。

青春就应该不断地挑战

很多人只看到结果就断言别人是天才，或者具有某种神奇的力量，但如果知道别人为了这个结果付出了多少努力，就会发现一切都是顺其自然的。原本以为别人的成功是奇迹，知道了过程以后才会发现，世界上根本就没有什么奇迹。因此，不要轻易地断言"太神奇了"，"这简直是奇迹"，这只能证明你的无知。

原始人如果能看到话筒或者手机，一定会觉得非常神奇，但是现实中人们看着自己手中的电话，绝对不会发出这样的感叹，因为大家已经非常清楚它的原理了。

我们的生命是一个连续的过程，人生的每一天都是我们宝贵的经历。与"成功还是失败"相比，自己在整个过程中学到了什么更为重要。青春就应该不断地挑战，不断地反省，反省自己的失败然后再接再厉，为了自己想要的结果不断地尝试各种方法。人际关系的处理也是如此。

善良妈妈的女儿，坏爸爸的儿子

有很多准备结婚的人，因为这样那样的烦恼找到我。处在适婚年龄的男男女女们，会因为现实问题和对爱情的怀疑，陷入深深的苦恼之中。下面将要说到的故事里的主人公年纪已经不小了，但她就是我们常说的心理年龄比实际年龄小的例子。这里的心理年龄偏小，指的就是不具备与自身年龄相符的人生观。

"我是一个正处在适婚年龄的非常想结婚的未婚女生。其实，去年我就遇到了自己心爱的人，而且已经考虑结婚了，但是有一个问题，那就是我的妈妈以不满意我男朋友的工作为理由，强烈地反对我们在一起。大师，我应该不顾辛苦将我抚养成人的父母的反对，坚持与他结婚，还是恪守孝道，放弃自己的爱情？"

"你今年几岁了？"

"三十三岁了。"

"只要超过二十岁就可以不顾父母的反对结婚了，明天你们就去曹溪寺的佛堂叩拜结婚吧。你为什么一定要顾虑父母的想法呢？"

"我也想这样，但是我更希望能够在大家的祝福声中步入婚姻殿堂。如果不能如此，我对对方也会心存歉疚。"

"结婚仪式上那些冠冕堂皇的过程，其实完全没有实际意义。因此放手去做吧。"

反对你也可以义无反顾地结婚

在与准备结婚的准夫妻的交流中，时常会遇到像这样因为父母的反对而痛苦的人。对此，我的回答总是如出一辙，因为这根本就是一个不值得讨论的问题。把父母的反对当成犹豫的借口，根本不是真正的爱情。如果内心深处真的认为"我不能没有这个人"，那么无论是父母的反对还是周围人的阻止，都不能阻挡你对爱人的信任和与他结婚的决心。反之，你就会因为周围人的反对意见而动摇、苦恼。

大家是不是都喜欢隆重的仪式？但是，只有穿着婚纱，在绚烂的灯光下配合着音乐走向舞台的婚姻，才能够得到祝福吗？佛教式的婚礼连主持人都不需要，只要有七朵鲜花就足够了。新郎在佛堂手捧七朵鲜花，对即将成为他的妻子的女人说"我爱你"，新娘也对即将成为她的丈夫的男人说"我爱你"，然后互相交换鲜花，把鲜花献给佛祖并叩拜，在佛祖注视下的仪式就结束了。是不是很简单？这样简单的婚礼省去了礼节和形式的烦恼。

依靠自己的力量无法完成的事情，

就应该接受别人的帮助。

帮助过我的人，

我也会用其他的方式来报答他们。

我们的生命并不是孤单的，

而是紧紧地联系在一起的。

因为我们内心充满了欲望，

所以我们总在思考如何才能解决问题，

且这种欲望永远都不会停止。

解决问题的唯一办法，就是知足常乐。

我们现在觉得痛苦、想要抱怨的事情，

就如同这些梦话。

无论是被老虎追赶的梦境还是被强盗追赶的

梦境，抑或是坠落悬崖的梦境，

只要睁开眼睛就能从梦中清醒过来，

回到平静的现实中来。

因此，我们只要睁开眼睛，

清醒地看到自己的痛苦，

就能够战胜它们。

大家在面对选择的时候犹豫不决，

是因为不愿对自己的选择负责。

选择没有善恶、对错、好坏之分。

只要能够预测并承担选择的结果，

任何一个选择都没有错。

如果无法改变对方，

就只能放弃自己的奢望。

要求一个生来就如此的人改变，

实在是一件无理取闹的事情。

我们需要抛开潜意识里对交往对象的负面想法。

当脑海中不自觉地浮现"这个人这里不够好，

那里有问题"的想法时，

要意识到"我潜意识中又开始否定婚姻了"。

"你已经三十三岁了，却因为父母的反对而怀疑自己的爱情。请不要把'爱情'这个词挂在嘴边，因为你没有资格。"

"但是大师，身为人女，我对父母感到十分愧疚。"

"你没有任何值得愧疚的地方。"

"我真的不用心怀愧疚吗？"

"简单地说，请把现在反对你结婚的人想象成毁灭你的爱情的'魔鬼撒旦'，而不是你的父母。"

"大师，我的母亲非常崇拜你，你可以对我的母亲说几句话吗？"

"我既没有理由，也没有资格对别人的事情指手画脚。事实上，我自己都没有结婚，又有什么资格对别人的婚姻问题说三道四呢？"

人们常说，婚姻一定要得到父母的祝福。这句话中隐含了对父母的某种期待，以及期望结婚的同时自己的期待能够得到满足的心理。但是，如果婚事遭到父母的反对，得不到祝福，又该怎么办呢？难道要我去说些祝福的话，再帮忙说服你的父母？我也不喜欢做这样的事情。因为这些是你必须要面对的。

说到底，你的婚姻应该由你自己决定，所以即使父母反对，你也可以义无反顾地结婚。你需要付出的代价就是放弃从父母那里得到祝福、得到经济支援的想法。因为你自己选择了婚姻，所以你只能放弃父母的祝福和支持。

没有能战胜孩子的父母

我曾经主持过两场婚礼。事实上，我自己都没有结过婚，因此也并不想主持别人的婚礼，当有人请我主持婚礼的时候，我都会慎重地拒绝，只有两次除外。这两次婚礼中，有一对是父母反对，但最终结为伉俪的恋人。他们彼此深爱着对方，非常想与对方结为夫妻，但遭到了父母的反对，因此我站上了主婚人的位置。

如果你想要不顾父母的反对而结婚的话，请记住以下几点。冒着父母反对的风险而结合的婚姻，其不幸的概率比父母赞成的婚姻要高得多。也许有人会问，是不是父母的反对造成了婚姻的不幸。事实绝非如此。步入婚姻共同生活的两个人开始的时候总是甜蜜幸福，但随着时间的流逝，两个人之间就会产生大大小小的矛盾。而夫妻之间的矛盾很可能导致对婚姻的不忠。

问题的关键是处理这些矛盾的方式。如果是父母反对的婚姻，当夫妻之间发生矛盾的时候，有些人会后悔地说道："啊，妈妈反对我们结婚就是因为这个。早知道应该听妈妈的话的……"这无异于将婚姻推向破裂的边缘。这么做的目的，是希望把曾经反对自己结婚的母亲重新拉到自己这一边。虽然之前一直将母亲看作阻挠自己婚姻的障碍，但这次却希望母亲可以站在自己这边。原本就反对这桩婚事的母亲在夫妻二人争执不休，矛盾一触即发的时候这样说道："你看，我就知道不听我的话会是这个下场。趁现在一切还来得及，你立刻收拾行李跟我回去，别再吵了。"

父母不仅没能解决纠纷，反而用希望婚姻破裂的态度来回应子女。这之后的事情，大家是不是已经能想象得出来了呢？因此，父母反对的婚姻一旦出现矛盾就很难克服，遇到挫折就濒临破裂的概率大大增加。另外，不顾父母的反对结婚之后，如果过得不幸福，心中的自责和失望也会是一般人的数倍。

这些问题是在结婚之前一定要预想到的，要有无论发生怎样的矛盾，遇到怎样的问题，都真心爱护对方、包容对方的决心。要知道，不顾父母的反对结婚之后，无论遇到什么样的难关，都只能靠自己的力量去克服。另外，一定要幸福的信念和为此而付出努力的决心，也必不可少。

如果能够聪明地化解矛盾，幸福地生活下去，那么今后与父母的关系会发生什么样的变化呢？老话说："没有能战胜孩子的父母。"父母即使开始的时候反对，只要你们能幸福地生活在一起，他们总有一天会支持的。就算他们不支持，又有什么关系呢？冷静地来看，结婚之后你就离开了原来的家，成为新的家庭的一员，成为了一个独立的人。因为父母反对结婚而烦恼的人，很大一部分心理脆弱，平时就过多地依赖父母。甚至于在他们的潜意识中，存在着一切都要依靠父母的想法。这种想法要立刻改变。

为了站在这位向我倾诉烦恼的年轻人的立场上思考问题，有必要先了解一下父母反对他们结婚的原因。站在父母的角度，反对这样的婚姻简直是太理所当然了。对工作不满意只是一个借口，也许经济原因和家庭环境等条件，才是症结所在。没有哪一位父母希望看到自己辛苦抚养成人的女儿结婚后过着艰辛的生活。相应地，父母也希望儿子可以找到一位忠厚善良的妻子，成为自己的贤内助，一起过着幸福的生活。

如果不顾父母的反对坚持结婚，那么父母还有权利对这样的婚姻提供经济支援吗？这里虽然用了"权利"一词，但是这里的权利指的是反对或支持子女婚姻的权利，这决定了他们是否需要行使给予经济帮助的权利。父母对于子女的婚姻有发表自己意见的权利。如果子女不接受父母的意见，父母有权拒绝提供经济上的帮助。他们按照自己的意愿支配自己的财务，有什么不可以呢？这点是毋庸置疑的。如果子女想要接受父母的馈赠，就只能放弃与父母反对的人相爱。打个简单的比方，这种感觉就像是在条件优秀的男士和自己心爱的男士中必须选择一个一样。

因八字不合而烦恼的婚姻

另一个例子就是有一些即将结婚的人正在为了两人的八字不合而烦恼。在父母反对的理由中，八字不合是最常见的。试想一下，如果两个人真心相爱，八字是否相合完全不会造成阻碍。就算八字不合又如何呢？假设我们听到的是最坏的结果：因为八字不合，共同生活三年之后就会离开人世。即使三年之后死去，也不失为一桩幸事，因为你曾经与你爱的人一起生活了三年，不是吗？如果因为八字不合而放弃这段姻缘，你连这三年的时光都不会拥有，只会留下深深的遗憾。

有了与心爱之人共同生活的经历，以后也可以孤身一人或者与不那么相爱的人共同生活。与心爱之人共同生活，再与不那么相爱的人共同生活，人生就有了两种经历，这样有什么不好呢？既然如此，又何苦在意八字是否相合呢？要有"即使八字不合，为了我心爱的人我也愿意承担一切后果"的决心。如果因为八字不合就放弃，你会一直计算每一段恋情，把简单的事情变得复杂。

今天就找到你的母亲，对她说"妈妈，我要和这个男人结婚"吧。如果母亲以断绝母女关系作为要挟誓死反对的话，就请暂时放下母女之情，对父母跪拜答谢养育之恩后离开吧。千万不能在毫无准备的情况下，像喊口号一样对父母说"我要按照自己的意愿结婚"，然后离家出走又无处可去，三天之后又回到家中低声下气地对父母说"妈妈，我错了"。为了能在告知父母之后立刻背着行李离开，应该事先做好结婚的一切准备，再与父母一决胜负。

"妈妈，爸爸，很抱歉我没有遵照你们的意愿。但我已经不再是一个三岁的孩子，我要独立地过我自己的人生。非常感谢你们一直以来对我的养育、栽培和爱护。"

虽然离开了家庭，但这并不代表你可以憎恨你的父母。出于对反对你结婚的父母的怨恨而不愿回家的心理，着实让人难以理解。对反对结婚的父母抱着憎恨、怨恨之心，无异于对养育你的父母恩将仇报。你应该对养育你的父母抱着感恩之心，对不能按照他们的意思行事怀有愧疚之心。对于执意阻碍自己前行的父母，也不必让这种厌恶影响自己的人生，对他们说一句"感谢你们一直以来对我的养育之情"，然后独立地生活吧。

我遇到过很多因为父母反对结婚而苦恼的情侣。印象很深的是一位男士的家人因为女士年长于该男士而反对他们结婚。现在他们过得怎么样呢？他们已经有了一个儿子，幸福地生活在一起，而父母也因为乖巧的媳妇和孙子，成为众人羡慕的对象。还有一次，一位想要和外国男子结婚的女士遭到了家人激烈的反对。结婚之后，优秀的外国女婿让曾经誓死反对这桩婚事的母亲逢人便夸"这是我的女婿，我的女婿"。

　　虽然我们常会听到一些负面的例子，但父母反对的婚姻并不会有太大的问题。只要有明确的人生观和对爱情的信念，相信自己能够得到幸福，无论未来将要面对什么，都可以守得云开见月明。

永远
幸福下去

经验，经验！要做的事实在太多

对于即将面临就业的年轻人来说，如何积累工作经验是最大的难题。想要找到一份好的工作不仅要有学历，还要有优秀的成绩和托业分数等外语实力的证明，以及志愿服务和实习之类的工作经验，要做的事情多得让人手足无措。

"虽然我是学生会的成员，但是我觉得我还有很多不足之处，还有很多要学习的东西。在国际志愿活动方面，我需要了解世界局势，还要能够熟练地用英语交流。在电脑网络方面，我需要熟悉微博之类的新工具。这些都是活动中必不可少的技能，因此我希望可以在短时间之内就熟练地掌握，但是我总是觉得自己落后于人，心中焦虑不已。因此，我想知道我应该以什么样的心态面对自己的不足，专注于学习。"

倾尽全力，而非为了欲望

学习是一件值得鼓励的事情，但是要先想清楚自己现在要做的事情和能做的事情之间的差距。自己要做的事情和能做的事情，完全是两个不同的概念。为了达到目的必须要做某事的心理，是一种欲望，因为设立超出自己能力的目标本身就代表着欲望。有了欲望，自然会觉得焦虑和不安。

如果想要实现自己的梦想，首先要抛下这些欲望。很多人会误以为抛下欲望就是要"放弃目标"。实际上，抛下欲望指的是做与自己的能力相符的事情。但是人们到底能不能清楚地知道自己的能力如何，自己能力的极限在哪里呢？能力是很难衡量的。因此不要妄自菲薄，给自己的能力妄下定论，认为自己只能做到这些。

如果将目标定位为自己能力的两倍，为了实现目标，就只能不断地努力。与别人过着同样的生活，是很难实现自己的目标的。在别人玩乐的时候，你必须不为所动，比别人付出更多的努力。实现梦想的过程，一定不会像你想象的那样简单。如果你心中有宏图大志，却不愿付出努力，你只会让自己变得焦虑和不安，而越是不安，你就越难专注于努力实现梦想。

无论你的能力如何优秀，你都不可能了解和学会世界上所有的知识。因此，要将自己的能力分成几类，并在自己的能力范围内做最大的努力。举个简单的例子，有很多人邀请我去做演讲，但即便我365天都奔波于各个演讲之间，还是没有办法满足所有人的要求。就像帮助第三世界国家的运动一样，不可能面面俱到。

有趣的是，虽然即使我365天每天举办一场演讲，也没有办法做完所有的演讲，但却可以同时进行五六个重要的项目。这中间的秘诀，就是倾尽全力。我并不是为了满足自己的欲望，而是在我看来，邀请我演讲就是赋予了我使命，我有责任做出最大程度的努力。

请大胆地去做吧，想做什么就去做

"请大胆地去做吧。想学电脑就去学，想了解世界局势，就去研究相关的知识。你每天睡几个小时？"

"大概五个小时。"

"只要再节约一个小时就够了。"

如果觉得自己有很多要学的东西，就应该在学习上投入更多的时间，因此有必要减少吃饭或是和朋友玩乐的时间。如果觉得没有朋友很难生活下去，可以使用下面这个小方法。当不得不与朋友小聚的时候，可以把聚会变成一个国际局势讨论会。这样可以一边小酌，一边与朋友小聚缓解压力，一边又在国际局势的讨论中学到了知识，真可谓是一举三得。

这样真的可行吗？其实，完全没有必要把喝酒小聚和讨论国际局势之类的事情分得这么清楚。我们在做什么，是在喝酒还是在田里劳作，都没有关系。重要的是我们关注什么，想要做什么，就应该努力去做，没有必要把一件事和另一件事分得那么清楚，认为鱼和熊掌一定不能兼得。

因为无法实现目标而焦虑的心情，是源于内心的欲望。这里的欲望指的并不是想要做某件事的愿望和渴求，也并不是说每一件想做的事情都是出于欲望。真正的问题在于，有些人想要的东西超出了自己的能力范围，但是他却不考虑提升自己的能力，而是每天沉浸在幻想中。想要做些什么的时候，又会因为自己的能力和理想之间的巨大差距而焦虑不已。

如果下定决心要研究国际局势和微博等，可以利用空闲的时间学习，不用给自己规定完成任务的时间。英语的学习也是如此，贵在坚持。我时常想，要是我的英语能更流利些该有多好。出国的时候，我无法独自跟别人交流，需要依靠英文翻译的帮助。接受帮助以后，我会给酬劳，或者帮对方做些事情作为交换。

我用我不擅长英语来举例，就是想说明没有一个人是全能的。依靠自己的力量无法完成的事情，就应该接受别人的帮助。帮助过我的人，我也会用其他的方式来报答他们。我们的生命并不是孤单的，而是紧紧相连。

挑战与放弃，灰色迷宫中的明天

"二十岁的时候，我考上了大学的艺术专业，但是这个专业除了少数极有天赋的学生，其他人都是前途未卜，忧心忡忡，因此我中断了学业。之后，我就辗转就职于一些中小企业，然后又开始了学习。在工作的过程中我发现中小企业不仅薪水不高，而且要求每一个职员都三头六臂，因此我产生了通过学习提升自身价值的想法。现在我正在学习心理学。"

"你现在学习一定非常刻苦，因为你是出于自己的需要而去学习的。"

"我并不想抱怨，但是我在心理学的学习过程中发现，仅仅大学毕业是远远不够的。如果想从事心理学方面的工作，起码要达到硕士学历。我知道自己比别人起步晚，接近而立之年的我十分恐慌，研究生巨额的学费对于我来说也是一个难题。最终，我抱着向现实妥协的心态，决定再次步入职场。"

"然后呢？"

"我有一家自己心仪的企业，但是我向往的企业，也是大多数人偏爱的企业。我在准备找工作的时候发现自己真的很想进入那家企业工作，有太多的事情在阻挠我。"

"大家都向往的企业，想必是一家大企业了？"

"是的。我既没有好的学历，也没有百里挑一的实力，甚至没有像一般的大学生那样出国研修的经历，年轻的时候还没有好好学英语，没取得优秀的外语成绩。可以说，我深切地感受到了理想和现实之间的差距。晚上我躺在床上，常常会想我付出的努力是不是真的没有回报，天一亮，我又要和无数比我年轻聪慧的孩子竞争，这个世界上真的有我的位置吗？"

"你是不是觉得很不安，很焦虑？"

"我几乎夜不能寐。跟我同年龄段的朋友大多数已经走上社会，她们常说自己在找到工作之前，足足投了七八十份简历。虽然我有心仪的公司，但是我知道我的能力有限，有时会想要不要就此放弃，但另一方面，因为我真的很想进入那家公司，我又觉得一定要放手一搏。我实在是左右为难，理不出头绪。怎样才能让我忘记不安和自卑，以'我一定可以'的心态，积极地加入就业大军呢？"

要成为自己的主人

对于未来的不安和随之而来的焦虑，是这个时代的年轻人无法回避的问题。我本应该给这位向我倾诉的年轻人一些安慰，但是安慰可以让她的人生有丝毫的改变吗？因此，虽然心痛，我也要一针见血地告诉她答案：

"以你现在的实力，你什么都做不了。"

这显然不是一句好听的话，甚至是一句容易引起误会的话。我希望她不要误会，因为我所说的"实力"，并不是指学历、才能、经验的不足，而是指以她这样软弱和犹豫不决的心态，做任何事都不容易成功。

她现在就像是被秋风吹起的落叶，随着凉风时而飘向空中，时而飘向地面，旋转，飞舞。落叶虽然可以不断向着空中飞舞，但依然逃脱不了因为一阵风就落入溪水的宿命。而犹豫不决的人生就如同被风吹起的落叶，只能在辗转彷徨中结束自己的一生。

我想给大家介绍一个先人流传下来的故事。

有一位僧人听说读《法华经》大有益处，就整整读了3000遍的《法华经》，并将其背在身上，手不释卷。

有一天，他听说一位名为慧能的大师虽然不识字，不读经，却能够大彻大悟。他不禁好奇，这位大师是如何在不识字、不读经的情况下大彻大悟的呢？他怀疑是不是真的有这样的人，于是他背上《法华经》去找这位大师，想要与他当面对质。

两人见面之后本应互相问候，但僧人为人傲慢，虽然行了大礼，磕头的时候却没有碰到地面。大师将这一切看在眼里，却不动声色地问僧人是如何知道他的，又缘何前来拜访。一一回复之后，僧人骄傲地告诉大师说："我读了3000遍的《法华经》。"

大师说道："既然你读了3000遍的《法华经》，想必已经对《法华经》的大意了然于胸了吧。"僧人沉默了片刻，慢吞吞地说："大意……我……我并不是很清楚。"

事实上，前来拜访大师的时候他就知道自己什么都不懂，因此他的内心十分矛盾，既想借此探探大师的虚实，就自己不明了的问题请教大师，又怕自己读了3000遍依然有多处不懂的窘境被揭穿。

大师说道："我不认识字，也从来没有读过经书，不如你给我读一遍吧。"僧人开始流利地背诵已经读了3000遍的经书。听了一会儿，大师说道："停下吧，《法华经》的大意是这样的。"然后解释了《法华经》的意思。听完大师的解释，僧人恍然大悟，对大师五体投地。

大师转身对僧人说："以前，你是被《法华经》影响的人，以后，你要做一个运用《法华经》的人。"

僧人虽然已经读了3000遍《法华经》，却从来没有真正理解和运用过它。那么什么叫做"运用"呢？如果你不仅能够背诵它，还能够将它运用于生活中，你就成为了它的主人。反之，如果你只能背诵它，却不能按照经文的宗旨生活，你就成为了它的奴隶。

　　因此，僧人目标是要努力"成为《法华经》的主人"。而对于我们而言，我们应该宣布"我要成为自己的主人"，换句话说，就是"不要被生活操控，要成为主宰生活的人"。

路在何方，取决于如何看待机遇

　　我们或多或少都会受到生活的影响。我们常常观察别人的生活，然后依葫芦画瓢，过着毫无悬念和生机的人生，就像是之前提到的落叶。我们应该成为主宰生活的主人，而不是重复别人的人生。

　　主宰生活的方法大同小异，就是无论世界如何改变，世人的标准是什么，都始终保持以自己的标准判断是非的能力。例如，不能因为大家都买了私家车，自己兜里又有钱，就不假思索地跟风买车，应该想道："家住得很近，走路既能锻炼身体，又能节约能源，还不用付油钱和车辆管理费，而且不开车就不会消耗石油，也不会排出尾气，有利于保护地球环境。我还是用买车的钱去做些别的事情，过无车族的生活吧。"然后放弃购车。

　　之前那位跟我倾诉烦恼的年轻人总是在犹豫要不要跟随别人的脚步。实现梦想的道路充满了荆棘，而放弃梦想又心有不甘。明明还是二十多岁的花样年华，怎能如此谨小慎微，凡事都顾虑世人的眼光呢。

她的事情并不是个案，与她一样因为理想和现实之间的差距而苦恼的年轻人还有很多。那么，我们是不是应该反省一下，是不是我们人生的方向出现了偏差？准备就业的人中，超过90%都想去大企业工作，但从现实的角度来说，去中小企业工作也并非一无是处。优点之一就是你一个人可以做许多事情，可以学到销售、宣传、会计等公司不可或缺的技能，如果今后你打算自己创业，这些将会成为十分宝贵的经验。如果进入了大公司，你就会像机械的零部件一样，只能承担很小的一部分作用。我遇到很多人向我诉苦，从大企业辞职之后，什么都干不了。当你是公司的附庸时，你可以发挥你的功能，而离开了公司，你将一无是处。

我们的人生没有绝对的好与坏的标准。因此，二十多岁的时候可以和朋友们一起尝试一些新的东西，虽然可能会因为缺乏经验而失败。但是正如我常说的，失败乃成功之母。如果觉得创业太难，可以一边在中小企业工作，一边积累经验和知识，然后再尝试。大家今后的路在何方，取决于如何看待机遇。

当务之急就是学习

对大家来说，当务之急就是学习。这里的学习指的并不是单纯地为了掌握学问而进行的学习。对于那位正在学习心理学的年轻人，我也想劝她站在一个全新的视角看待学习这件事。无论你想要做什么事情，如果能够了解竞争者的心理活动，你成功的几率就会大大增加。无论是人际关系，还是与恋人、朋友的交往，抑或是集体生活中，研究、发掘和把握人的心理的整个动态，对我们来说都是学习。在发掘一件事情的原因和根源的过程中，还会出现其他的问题，因此我们还要学会专注于寻找一件事情的原因和根源。

　　无论是社会问题、国际局势还是环境保护，值得我们关心、研究的问题不计其数。二十多岁的年轻人应该对各方面都有所涉猎，而不是狂妄自大，刚愎自用。难道提高英语考试的分数，能够说一口流利的英语，就一定能够找到一份好工作吗？英语固然是一项重要的技能，但并不是全部，更重要的是用自己的眼睛去看，用自己的双脚行走在这个世界上的态度，为此，我们一定要学会将知识和学问变成自己的东西。

　　我们了解的知识本身并不具有价值，只有学以致用，实实在在地研究和改变周围发生的一切，才能让知识和学问真正成为自己的东西。心理学的学习就是一个很好的例子。

　　恋爱的过程中，我们时常会不解对方为什么对自己大发雷霆，有时又会对曾经深爱的人留恋不已。夜深人静时，我们常常会陷入对自己的疑问中，不知道自己做的是对是错，而到了早上，我们又像什么事都没发生过一样，坚信自己的想法是正确的。人的心理就是这样，时时刻刻都在变化着，这种变化本身，才是人类真正的心理活动。

因此，如果你想研究心理学，不用大费周折地找别的研究对象，最好的研究课题就是你自己，自己的心情为什么一天三变，为什么会突然对曾经深爱的人心生厌倦。把对自己心理的研究结果套用在别人身上，就能够理解对方的心理了。如果以此为课题写一篇论文，说不定就可以凭借新的研究成果成为博士了呢。

人生不能盲目地跟从别人，随波逐流，就像在洪水中漂浮的木块。听过一些随波逐流的人的故事之后，我更加坚信大家应该像大树一样牢牢扎根，像原木一样岿然不动。也许随波逐流的人生更轻松，但是，这样的人生就如水中的浮萍，无依无靠。

以长远的目光学习吧

对于怎样才能放下顾虑，以积极的心态投入就业大军的问题，我给出了近乎刻薄的答案："以你目前的心态，你会把本来可能成功的事情都搞砸的。"之所以给出这样恶毒的答案，是因为她把自己的梦想当作谋生的手段，把学习当成是义务而不是需要，她的内心犹如一潭死水。

这样的问题既来自她本人，也来自社会制度的矛盾。我们生活在一个必须踩着自己的同事和朋友肩膀往上爬的社会。无论是提升学历还是积累经验，都被认为是为了在这个社会中占有一席之地而不得不做的事情。假设你手中有两张资格证书，但是另一个人有三张资格证书，那么毫无疑问，那个人更容易向上攀爬。如果你有四张资格证书，而别人有五张，那么能够向上爬的又将是别人，即使你留学归来，拥有博士学位也无济于事。只要这种竞争机制存在一天，连上帝和佛祖也没有办法救大家于水火。

恐怕十个人中只有一两个人能够如愿以偿地获得大家梦寐以求的职位，也就是薪水丰厚，体面高尚又轻松简单的工作，而同时，有数千人为了这样的职位陷入无止境的竞争中，过着和普通人一样庸庸碌碌的生活。

当然，在这样的竞争中，我们也会有所收获。在认真准备就业的过程中，我们的英语水平也会有所提高，甚至还掌握了第二外语，这样就流利地掌握了三门语言。无论能否成功就业，这样的结果对你来说都是一件好事。在生活中，我们需要进行一些必要的学习，这些学习与分数和学历无关，仅仅是出于需要。但是，如果我们忘记了原本的目的而沉浸在分数和学历竞争之中，我们的人生就会陷入自卑的怪圈。

如果不想继续这样下去，就积极地面对人生吧。下定决心，以长远的目光学习吧。换句话说，一定要认真努力地生活。每天早上起床之后就开始思前想后，犹豫不决，只会让你与人生的重心失之交臂。

　　只有拥有健全的心理，才能以积极的态度面对人生。二十多岁的年轻人如果像面对秋季的寒风一样颤抖着过着自己的生活，人生一定会失去希望。让我们畏惧不前的理由到底是什么呢？每一个年轻人都曾是备受宠爱的孩子，我们到底有哪里不如别人，才会如此畏惧？现在，请立刻抬起低垂的头颅，大声地呼喊，积极的能量一定会充满你整个身体。

公开搜寻，寻找草鞋的另一半

有一位年近四旬的女士前来咨询我，应该与什么样的人结合共度人生。

"我怎样才能让自己获得心灵上的平静，谈一场稳定的恋爱呢？第一次见到某个人时，似乎总觉得比起对方的优秀，自己有很多的不足；然而，见了几次之后，那个不自觉地寻找对方缺点的我又会跑出来。我很想遇到一个喜欢的人谈一场恋爱，但是与别人见过几次之后，我就会打退堂鼓。因此，我只有几次很短的恋爱经验。我似乎总是担心太多，很难开始新的恋情。"

无论与什么样的人在一起，心灵的平和都是我们追求的终极目标。虽然我一直在修行，但是也未能达到心境平和的境界。这位女士希望能够自然地达到这种状态，实在是太过贪婪。

"你今年贵庚？"

"三十八了。"

"这个年纪显然应该结婚了。你下决心与恋爱的对象结婚又放弃的情况，出现过几次？"

"我从没有想到过结婚这一步。"

"那么，你至少有过犹豫要不要与交往对象结婚的经历吧？"

"大概有一次吧。"

"一次？难道你至今为止从没有好好恋爱过？"

"是的。"

"虽然询问你父母的事情有些失礼，但还是想请教一下，你父母的婚姻生活是温馨和睦的，还是冲突不断的？"

"他们之间的冲突比较多。"

"你小的时候看着父母争执的样子，有没有产生过'天哪，我长大以后绝对不要结婚'的想法？"

"我从没想过不要结婚。我只是没想到要结婚，并没有下定决心要做一个独身主义者，也不是不想结婚。"

你凭什么乱发脾气

分析了她的想法之后，我们可以得出这样的结论：因为在父母的争吵中长大，她从小就对婚姻有了负面的想法。即使她没有"我不要结婚"的想法，她看着父母争执的样子，也会不自觉地产生"如果这样的话为什么要结婚"的负面想法。这样的想法隐藏在她的潜意识中，使得她产生了对婚姻的负面想法和恐惧心理。

　　但是，现在她早已过了二十岁的年纪，到了而立之年，这样的想法要如何改变呢？大家成年以后，看着周围的朋友步入婚姻殿堂过着幸福的生活，自然也会产生结婚的欲望，甚至产生一定要结婚的想法。当与男士交往的时候，大家会不自觉地谈起结婚的话题，或者一边想着"与这个人结婚好不好呢"，一边默默在心中勾画与对方的未来。以上都是这个年龄的女人必经的心路历程。但是，这位女士没有在此基础上进一步正视自己对婚姻的需求，而是不自觉地回想起父母婚姻中不幸的一面。因此，在面对交往对象的时候，总是会思考"这个人是不是有这些问题"，"这个人以后会不会也像父亲一样粗暴"。她潜意识里总是对交往对象抱有负面的成见，因此对婚姻的犹豫和恐惧也越来越严重。

　　"我的父亲是一个完美主义者，虽然他很挑剔，但并没有什么大的问题，只是比较容易生气。"

　　"那你的母亲是一个什么样的人呢？"

　　"妈妈总是默默忍受着父亲的坏脾气。"

　　"因为忍无可忍所以经常吵架吧。如果母亲真的在默默忍受，又怎么会吵起来呢？"

　　假设夫妻之间发生纠纷的时候，总是一方发脾气，另一方回答"亲爱的，你生气了吗？这样不好，会引发高血压的"，或是"亲爱的，都是我的错，你别生气了"，争执绝不会扩大，两人之间不会有任何问题。但是大部分人会怎么样呢？如果另一方针锋相对："你凭什么乱发脾气？"那么原本生气的一方会更加怒火中烧，最终不欢而散。

留意对婚姻的负面认识

大家应该对自己无意识中形成的对婚姻的负面认识多加留意，并设想一下以后经常更换交往对象的场景。每更换一个交往对象，对婚姻的负面情绪就会加深一步。如果没有下定决心单身，只要任其自然地发展，就很可能会遇到让你不得不步入婚姻殿堂的情况。这种让你不得不结婚的情况是什么呢？如果有人对你一往情深，疯狂地接近你，你会怎么做呢？即使你并不是特别喜欢这个人，也很有可能因为周围人的意见与他在一起，之后就会不知不觉地陷入非结婚不可的境地。

请先将这种无可奈何的结婚念头放下，这样对于结婚一事，你就不会再感到负担。因为你心里觉得自己一定要结婚，所以总是会烦恼这件事。如果放下结婚的念头，自然也就不会感到苦恼。

等到工作和生活的过程中出现了让你不得不结婚的情况时，你自然就会步入婚姻的殿堂，因为你并不是一个坚定的独身主义者，你只是觉得一个人的生活也没有什么不好。

　　因此，没有必要再烦恼这个问题。换句话说，就是轻松地看待结婚这件事，等到非结婚不可的情况出现的时候再去结婚。如果你觉得"我太孤独了，简直无法忍受，任何一个男人我都愿意跟他在一起"，你自然会去结婚。想不想听一种极端的情况？当你经济困难到只能在路边乞讨，只要有人能给你一口饭吃你愿意做牛做马的时候，你也会立刻去结婚。假设你出生至今从没有追求者，一直渴望爱情，这个时候有一个人向你表明心意，对你此生不渝，你一定会觉得"这样似乎也不错，以后就这么生活吧"，然后与他步入婚姻。

　　如果下定决心没有出现这些特殊情况就独自生活，就完全不会因为结婚这件事而烦恼了。但是，如果下定决心在四十岁以前结婚，就需要努力改变一下自己的想法，抛开潜意识里对交往对象的负面想法。当脑海中不自觉地浮现"这个人这里不够好，那里有问题"的想法时，要意识到"我潜意识中又开始否定婚姻了"。

　　如果平时能与男性朋友相处融洽，与男同事或者同学把酒言欢，却对与他们发展成情侣或者夫妻毫无兴趣，那么根本原因也许并不是因为对男性的排斥。

　　"平时与其他人相处得如何？其他人对你有什么样的评价？"

　　"事实上不仅是恋爱中，在与其他人的相处中我也常常觉得被排斥，很难与他人缔结深厚的友谊。有的时候，大家都觉得很开心，只有我一个人郁郁寡欢。不过大家都觉得我只是有些沉闷，不爱说笑，但是性格随和，很容易相处。"

古语有云："不鸣则已，一鸣惊人。"

对父母进行感恩祷告

看似性格沉闷的人也许反而能够很快地步入婚姻。而另一些人性格活泼外向，能够落落大方地与男士交往，却很难找到心仪的另一半。这位因为婚姻大事烦恼不已的女士，不也被周围人评价为性格随和，容易相处吗？解决这个问题的方法就是了解自己的问题所在，然后真诚地祷告。什么样的祷告能够帮助这位女士呢？听了她的倾诉，我认为她最需要进行的是对父母的感恩祷告。从她对父亲的评价可以看出虽然她现在已经长大成人，想法也发生了变化，但是童年时期的她对父亲有许多负面的认识，而当时累积的负面情绪也一直保留到了现在。

"请对你的父母进行100天的感恩祷告吧。"

在对父母进行感恩祷告的同时，她也会感受到自身的变化。祷告的内容很简单，心里想着"爸爸妈妈，你们为了养育我一定付出了很多。虽然我小时候不懂事，但是我知道爸爸也十分辛苦。而妈妈在爸爸发脾气的时候总是默默忍让，不知道受了多少委屈"，真诚地"谢谢你们养育了我"。

　　这样一来，她内心对于父母的负面情绪和对于结婚的消极认识就会自然地烟消云散了，也自然不会对每一个与自己有亲密关系的人都抱着否定的态度和恐惧的心理了。

不能吐，也不能吞掉的坏药

　　有一位因为被男人伤害而患上忧郁症，内心充满负面想法的女士前来咨询应该怎么办。这位二十七岁的女士一眼看上去脸色很不好。因为爱情，她失去了健康，甚至患上了心理疾病，给自己的人生带来了很多负面的影响。

　　"我二十岁的时候第一次遇见那个男人，二十四岁的时候被他背叛。我们以结婚为前提交往了四年，没想到他给我造成了这么大的伤害，然后忽然转身离去。之后，我独自生活了两年，最近，我又开始与那个男人见面了。虽然我是因为喜欢他才再次与他相见，但是我真的觉得很累，很焦虑，完全不知道该怎么办，感觉快要撑不下去了。"

　　"他是如何背叛你的？"

　　"虽然是我先喜欢他的，但是我发现他有一些性格问题，所以我决定和他分手。分手之后，他仿佛变了一个人，对我说他真的很喜欢我，想跟我结婚。我也再次打开了心房。我真心相信他会跟我结婚，并且这样告诉了我的父母……但是，他就像是一个戴着面具的人一样，突然翻脸了，对我大呼小叫，赞美别的女人，甚至动手打我。只要我去找他，他就对我拳脚相加，恶言相向，或者压根就不见我。"

"这就是背叛吗？只是因为他的行为没有让你满意？"

痛苦是因为自身的心理问题

听完她的叙述，我认为她内心的痛苦和纠结并不是因为那个男人，而是因为她自身的心理问题。当然，把责任转嫁给那个男人，就可以说服自己这一切都是男人的错。但是冷静下来想想，你喜欢谁是你的自由，别人不喜欢你，也是他的自由。

举个例子，一对曾经相爱的男女共同度过了一个美好的夜晚之后，有了孩子。假设男人选择了逃避，那么所有听到这个故事的人都会指责这个男人，认为他是一个毫无责任感的混蛋，但这也是他的自由。我们常常将人类的特征与动物相比较，那么这样的事情在动物世界里会发生吗？在动物世界里，雄性和雌性共度良宵，雌性怀孕之后雄性离开的事情屡见不鲜，但绝不会发生雌性因为憎恨离去的雄性而杀死自己腹中骨肉的事情，它们会独自照顾、抚养下一代。

柳花夫人的故事

我们一起来回忆一个古老的传说吧。春日里的一天，柳花夫人与弟弟一起去赏花，遇到了一位坐着华丽马车的人，用今天的话来说，就是坐着豪华轿车的人。这个人就是天帝的儿子解慕漱。天帝的儿子也就是天子，天底下的万事万物，山河大地都归他所有。虽然没有现代人一般的告白，但是二人还是共度了一夜。

第二天，男子留下一句"我会带你走"，便离开了。不幸的是，这之后他再也没有与柳花联络。柳花回到家中，发现父母想要将她出嫁，她执意不肯。经过询问，原来她在未经父母允许的情况下，就和别的男人私订终身了。唯一的解决办法就是忘记这个再也不曾出现的男人，但是无论父母如何苦口婆心地劝说，她始终充耳不闻，执意要等待这个男人。最后，柳花被逐出家门，在山里搭了一个简易的小屋，独自生活。

过着隐居生活的柳花遇到了外出狩猎的东夫余（古代地名）的王。听完事情的来龙去脉，王把柳花带进了宫，并立她为第二夫人。当时，柳花腹中已经有了解慕漱的孩子。传说柳花生下孩子之后，东夫余的王将其抛弃，但他自己又找了回来，王无奈，只得将其抚养长大。

由于并非王所生，柳花的孩子受尽了其他兄弟的冷眼，但是柳花夫人告诉他"你的父亲是天帝的儿子，你是解慕漱的孩子"，帮助他树立了自尊自爱之心。柳花夫人时常提醒他，他具有比其他兄弟，甚至是父王更为尊贵的身份。后来，这个孩子独立建立起了帝国。这个孩子叫朱蒙。在他收复故土，建立帝国的过程中，母亲的伟大给他带来了深远的影响。

虽然这只是一个传说，但是从中我们也可以发现母亲的教育和行为会给孩子造成多么巨大的影响。如果柳花夫人把春日赏花时偶然遇见的那名男子当成骗子，结局又会如何？她会成为一个因为被欺骗而自暴自弃，自甘堕落的女人，后面的故事也不会发生了。但是，她相信那名男子是天帝的儿子，并告诉了自己的儿子，让他拥有了伟大的梦想。按照现代人的眼光来看，朱蒙只是一个私生子，但是他从小就相信母亲所说的"你的父亲是天帝的儿子"，最终建立了帝国，成为了一代君王。

指责对方并不能解决问题

你与那个男人共同度过的时光已经成为了过去，如果你认为他是一个坏人，那么你就会懊悔与他共度的时光，最终痛苦的只有你自己。如果你觉得那个男人背叛了你，你会陷入"是我有眼无珠，我自己识人不明，又能怪谁呢"的自责中。一边声讨着那个男人的背叛，一边又因为思念与他再次相见，这既是一种爱恨交织的复杂心理，又可以说是一种精神疾病。这样的行为是源自本人分裂的精神状态和脆弱的内心，直到你再也无法忍受这样的行为。而你无法忍受的并非遭遇背叛，而是此时此刻的自己。

为了不让自己更加痛苦，你根本没有必要再谈起那个男人，可是你为什么再次与这个背叛、离开你的男人相见？这完全是自相矛盾。更何况这个男人还对你恶言相向、施以暴力，你何苦再与他相见呢？大家觉得这是一个正常人的行为吗？你的兄弟姐妹和朋友难道没有说"你真是疯了，完全失去了理智"吗？

现代社会是一个什么样的社会呢……女人只要被动了一指头，就会大喊"大家来看，怎么会有这样的男人"，然后果断地分手。我们生活的时代是一个男女平等的时代，完全没有必要看着男人的脸色生活。你有什么理由因为男人让自己的人生陷入窘境呢？难道你没有自尊心吗？

在婚姻生活中也是如此，假设丈夫出轨，有了更爱的人，那么还有什么值得挽留的呢？是人还是财产呢？难道不能说一声"好吧，这段日子我们生活得很幸福"，然后就此了结这段关系吗？不能如此洒脱的原因，是你心中的欲望。你一定在想："以我现在的年龄，还能去哪儿找到一个这样的丈夫呢？"如果你真的这么想，那不如就装作毫不知情地继续生活下去。这不是别人的决定，而是你自己的选择。指责对方并不能解决问题。

好坏都来自你内心的伤痛

最近智能手机风靡一时。我准备买一部新的手机，但是我没有选择智能手机，因为我想要等更好的产品出现。男人不愿意结婚，也是因为他在等待更优秀的女人出现，绝不是因为他不想结婚，才选择独自生活。人类就是这样不断怀抱着希望，期望更好的东西能够出现。

你对那个男人爱恨交织，情绪千变万化，起伏不定，难免会觉得痛苦。这个时候，如果周围有人可以安慰你，你就能够管理好你的情绪了吗？当然不是。当你自己都无法控制自己的时候，身边没有人可以帮助你，因为你只想说你想说的，听你想听的。无论你想要表达什么，最后都会变成对同一件事的重复。你现在的状况需要与人交流，甚至是药物治疗等外部手段来帮助你。你需要通过这些过程来展示你的伤痛，审视你的内心，然后治愈创伤，恢复身心的健康。

"今天就与那个男人一刀两断吧。在下决心不再与他见面之前，你要先下决心治好你自己的伤痛。"

因此，你一定要让自己健康起来。如果你像现在这样虽然恨他，却放不开他，只会让他得寸进尺，脾气暴躁，甚至对你拳脚相加。男人说不定会认为你很可怜，只会像一块狗皮膏药一样死死地黏着他，让他不胜其烦。随着时间的流逝，你的形象会越发地不堪。长此以往，男人也许会说"我恨不得你从这个世界上消失"，然后做出一些出乎意料的选择。

"事情还没有到这么危险的境地。虽然听上去像是在替他声辩，但是他知道自己对我不够好，并且一直在努力改变，只是我的妈妈不断地干涉，希望我能找人咨询。现在我来向大师咨询了，大师是否建议我再次接受那个男人，与他结婚呢？"

作为提供咨询的人，我并不能给出要不要与那个男人结婚的建议，因为提供咨询的人并不是做决定的人，咨询只是分析当下的状况，在听完咨询人的问题之后帮助他做出决定。我从十几岁到六十多岁遇见过无数的人向我咨询他们人生的烦恼，但很多人并没有因为"大师让我这么做"，就按照我的话去做。如果有人说我曾经建议她与这样的男人重归于好，很可能是因为她自己想跟那个男人和好，因而曲解了我的建议。

我并不想在你面前称赞或是诋毁那个男人，因为那个男人的好与坏都来自你内心的伤痛。当务之急不是纠结于那个男人的种种行为，而是你自己要先打起精神来。不要再沉浸在痛苦中，对那个男人又爱又恨。如果你没有办法控制自己，那么周围任何人的话都无法对你产生作用。请先放下一边对那个男人咬牙切齿，一边又欲罢不能的矛盾心理，从下定决心让自己健康起来开始，过好自己的生活。

内心的监狱

有一位朋友正在烦恼什么样的事情能够既帮助别人，又让自己过上幸福的生活。

"我对这个世界的看法十分悲观，我一直在想我应该做什么，但一直找不到满意的事情。大家都在讨论真理，而所谓的真理也不过是自己愿意相信、愿意看到、愿意听到的事情，并没有一个标准的答案。我也想相信其中一个，并为之付出努力，但是却做不到。周围人都说我是一个虚无主义者。我能做的，似乎也只有一天一天地生活下去了。"

直面我们的内心

看到这段话，也许有人会认为"现在的年轻人也会为别人着想了"，但仔细一想，就会发现这个人具有很大的野心。既能够帮助别人，又能够让自己过得舒服，这种想法本身就是一种野心。

有一个人找到我，对我说："大师，我现在既想结婚，又想出家，像大师一样生活。"

听到这样的话，你会不会认为"年轻人怎么会有这样的想法"，真奇怪？你说，你不会，你会认为"这个人真是太贪心了"。为什么呢？因为他既想出家，像僧人或是神父一样皈依宗教，被世人尊敬，又想结婚，享受婚姻的快乐和幸福。古语说，鱼和熊掌不可兼得，他却想同时得到尊敬和快乐。因此，他的这种想法并不是出于高尚的情操，而是野心。

这位朋友的问题也是如此，听上去似乎包含了什么伟大的志向，但事实上只是出于他的贪欲。这种贪欲蒙蔽了他的双眼，让他对周围的一切视而不见。我们常说"欲望使人双目失明"，另外还有一句与眼睛有关的俗语"怒目而视"，用来形容人愤怒到极点的样子。双目失明和怒目而视，都包含着愚蠢糊涂的意思，因为愤怒会让人失去理智，欲望也会让人失去判断。平时可以理性地思考和处理的事情，因为欲望的作用很可能适得其反，一败涂地。同理，愤怒也会让局面陷入被动。

他说他现在找不到人生的目标，只能过一天算一天，这也是因为他太过贪婪。因此，请先放下贪欲。当然，贪欲并不是那么容易放下的。

请试想一下，去年夏天阴雨连绵，致使朝鲜农业收成不好，发生饥荒，这件事给你造成痛苦了吗？我正在印度和喜马拉雅山一带旅行时，数千头牛因为口蹄疫被活埋，这事给我造成痛苦了吗？没有。痛苦，并不来自现实，而来自我们内心的感受。

例如，当你盖着绸缎被子睡在温暖的床上的时候，梦到被强盗追逐。这个时候，你是否会感到痛苦呢？会吧。即使周围什么都没有发生，但你内心的幻象还是会让你陷入痛苦，相反，即使周围喧闹动荡，只要你的内心不受影响，你就不会感到痛苦。我们的痛苦都来源于我们的内心，而不是外界的环境。

但是我们常常误以为我们的痛苦来自丈夫酗酒晚归、出轨；妻子与父母关系不好；子女学习不好，或是读完了大学还像个孩子一样找不到工作，只能呆在家里；抑或是自己找不到工作……事实并非如此。我们的痛苦并不是因为这些，而是源自我们的内心。因此，当我们因为某些问题而烦恼的时候，如果把原因归咎于周围的人和事，是无法解决问题的。因为痛苦的根源并不存在于外界，而在于我们的内心。

因此，我们要关上心门，直面我们的内心。

痛苦和抱怨如同梦话

大家可曾记得元晓大师说过的话么？

元晓大师和义相大师一起去唐朝留学的途中，曾在一个洞穴中住宿。半夜，他觉得口渴难耐，于是起身在黑暗中摸索，终于摸到了一个装着水的器皿。他喝下器皿中的水之后，再次进入梦乡。第二天醒来之后，他发现昨晚自己喝的竟是腐烂后的尸骨留下的积水。元晓大师幡然醒悟，写下了下面的话：

"心生则种种法生，心灭则龛坟不二；三界唯心万法唯识，心外无法胡用别求。"

意思是说，万事万物都是由心而生，死去的心无异于佛龛和坟墓，三界之中只有心，万象之中只有识，没有超脱于心的现象存在，又何必苦苦追寻？概而言之，就是"万事万物都随着一种想法的产生而产生，又随着它的消失而消失。三界皆为虚无，万物由心而生"。

另外有一句古话，叫做"一体唯心所造"。这里的"一体"，指的就是各种"烦恼"，也就是说"所有的痛苦和烦恼都来源于我们的内心，事物之间的差别都是由我们的主观想法造成的"。万事万物皆源于心。我们之所以会"幻想""误会"，都是因为我们内心的痛苦。

也许现在你正在误会别人让你痛苦。这就像是在梦中被强盗追赶的人大声喊"救命"一样，误以为你的痛苦是由追赶你的强盗造成的。但是，在一旁听见呼喊的人眼中，真的有这个强盗的存在么？也许他们反而会想"为什么不睡觉，在这里说些不着边际的话"。正在睡觉的人正经历着痛苦，并大声呼救，但是醒着的人只把这当成梦话、胡话。

我们现在觉得痛苦、想要抱怨的事情，就如同这些梦话。无论是被老虎追赶的梦境还是被强盗追赶的梦境，抑或是坠落悬崖的梦境，只要睁开眼睛就能从梦中清醒过来，回到平静的现实中来。因此，我们只要睁开眼睛，清醒地看到自己的痛苦，就能够战胜它们。

醒悟具有重要的意义，这种醒悟就如同从噩梦中清醒一样。睁开紧闭的双眼，你就会知道原来真的没有痛苦。醒悟的目的不是战胜痛苦，而是让我们知道这些痛苦本来就是庸人自扰。你会发现，世上本无事，只是你独自沉浸在幻象中，让自己痛苦。

《金刚经》也曾教导世人不要沉浸在这些幻影幻象中。"一体有为法，如梦幻泡影"说的就是这个意思。万事万物如同梦境、幻影、水泡、影子、晨露、电光，容易让人产生误解。

因此，如果我们知道自己身处梦境并睁开眼睛，就可以结束一切，如果浑然不知，就会整晚奔跑在逃亡的路上。

想要解决苦恼，就睁开双眼吧

现在，我们来思考一下第二个问题。假设大家现在对朝鲜饥荒的事情并不知情。既然不知情，那么这件事就不会对你造成任何影响，但是因为你的不知情，饥荒就不存在了吗？当然不是。即使你双眼紧闭，这些问题也不会得到解决。也就是说，如果你睁开眼睛，你自己的问题就会迎刃而解，但你无法解救因为饥饿而忍受痛苦的苍生。即使你闭上眼睛什么都不看，这些问题也不会消失或者解决。

你的痛苦并不能通过对别人倾诉而解决，只能等你自己醒悟，而解决周围正饱受痛苦的人们的问题，也不能靠逃避，逃避只能让问题从自己的视野中消失，但问题本身依然存在。也就是说，逃避并不能解决问题。解决问题需要在了解情况之后，采取具体的方法。给饥饿的孩子送去食物，给生病的孩子送去药品，他们就能活下来。帮助不能去学校学习的孩子营造可以学习的环境，也是一个切实的解决方法。我们面对这些问题的时候没有逃避，而是怀着一颗悲悯之心，这就是我们所说的慈悲。

想要解决你之前所说的苦恼，你所要做的就是睁开你智慧的双眼，而想要解救不幸的苍生，则必须要有一颗慈悲怜悯之心。怜悯之心与宗教、肤色、制度、理念的不同都没有关系，与国籍也无关，无论是朝鲜的孩子还是阿富汗的孩子都是同样的人，都值得我们怜悯与同情。

日本与韩国在历史上素有纷争，近来也因为独岛问题而纠纷不断。但是当看到日本东北部发生地震和海啸，一个个村庄像被撕裂的碎片一般消失的时候，我们的心还是会痛。没有人会因为政治立场上的敌对而欢欣雀跃："看，他们终于遭天谴了！"

虽然我们憎恨日本，但是在人类的力量无法战胜的巨大自然灾害面前，看着那些蒙受了经济损失甚至痛失至亲的人们的泪水，我们的内心也依然充满了痛苦和怜悯，大家捐出每一分每一角，希望能够帮助他们。这也是一种慈悲之心。

佛教的核心就是智慧和慈悲，佛祖就是一个具备了智慧和慈悲的人。智慧能够让自己从痛苦中解脱，享受幸福，慈悲则是一种能够帮助别人减轻他们的痛苦的行为。佛教的信徒被称为"佛子"，意思是跟随着父亲般的佛祖，努力想要成为拥有智慧和慈悲的虔诚教徒的人。

但是现在，我们既没有洞悉世事解脱自己的智慧，又缺乏对周围人的痛苦感同身受的悲悯之心，还缺乏愿意帮助他们的信念和行为。为什么我们会缺乏这样的智慧和慈悲呢？

这是因为，有三样东西遮住了我们的双眼。一是贪欲，贪欲让我们眼前一片黑暗。二是尘埃，当事情无法像我们预想的那样顺利解决的时候，我们就会愤怒、埋怨。有些人将日本发生的地震解释为天谴，就是这个原因。也许他们并不自知，但是他们对于无法解决的事情感到愤怒和不解，只能出于对日本的厌恶情绪，将这一切归咎于天意。三是阻碍我们探寻真理的无知。这三样东西让我们无法解脱自己，也无法拯救苍生。

"我以后会成为总统。"有一个孩子如是说道。这种想法并不是贪欲，贪欲是指想要同时解决两个矛盾的问题。在自己的问题还没有解决的情况下就想为别人做些什么，这也是一种贪欲。开始向我倾诉的那位年轻人说他想做一些能给别人带来帮助的事情，换句话说，他是想从别人那里听到正面的评价。

佛学教导大家，在布施的时候不要去在意回报的多少，也不要期盼回报，这种"无住相布施"的功德无可限量，也就是说无欲无求的布施，比有所回报的帮助更加伟大。在帮助别人的时候，如果没有期盼赞扬和回报的想法，就可以称得上无欲无求的布施了。

总而言之，我们应该先睁开双眼，让自己拥有处理自身问题的智慧。我们应该立刻像从梦中惊醒一般分析自身存在的问题，然后找出解决方法。等我们解放了自我之后，就能够真正做一些对他人有所裨益的事情了。做这些事将不再为了得到别人的称赞，而是变成一种单纯意义上的布施行为。

谢谢你，背叛者

"我对大师曾经给出的叩谢与自己分手的对象108次，感谢他离开自己的建议记忆犹新。我经历过几次恋爱，最终都以分手告终，但我有些不能理解大师的话。弃我而去的人到底有什么优点，值得我跪拜祈祷呢？"

要叩谢与你分手的那个人

我曾经建议大家替已经分手的男朋友祈祷，后来有许多人问过类似的问题。其中有些人是误解了我的话。

原因是她们忽略了前因后果，只记得"要叩谢与你分手的那个人"。光看这句话，也许有人会以为是因为分手的男朋友做了什么值得感谢的事情，我们才应该替他祈祷，但这句话并不是这个意思。

在恋爱的过程中，恋人之间可能会因为爱情渐渐消逝，或是对对方的失望和误会，抑或是其他不可避免的事情导致分手。离别对任何人来说都是痛苦和艰难的，但分手也需要礼节和技巧。有时，我们也在分手的过程中给对方留下了不可磨灭的伤痛。

在不能很好地理解分手的情况下，对方就像是遭遇了一场单方面的离别，难免对抛弃自己的男朋友或者女朋友心怀怨恨。怨恨和伤痛折磨的不是离去的对方，而是你自己。因为你沉浸在伤痛中，即使遇到了新的人，伤痛也会不自觉地浮现，成为你们之间的阻碍。例如，当你在新遇见的人身上发现了前男友身上让你讨厌的特质，你会怎么样呢？你的内心一定会有激烈的反应。当然，这些反应一定是负面的，你会被"这个人也是如此"的想法困扰，爱慕之情立刻烟消云散。

举个例子，在成长的过程中被父亲伤害的人，在恋爱时也极其厌恶对方强势的举动。假设你童年时期的记忆中，有父亲醉酒之后回到家中大呼小叫，举止粗暴的景象，那么你成长的过程中一定经常与他发生矛盾，你的内心也一定会留下许多伤痛。

试想一下当你长大成人之后，结交的男朋友有跟你父亲相近的特质，又或是结婚之后的某个瞬间，你发现丈夫与父亲是何其相似。这个时候，你会觉得再也无法忍受，隐藏已久的感情会爆发出来。

你很可能当场就失去理智，大喊："我从小到大对父亲是多么地失望，受到了多少的伤害，怎么连你也是这样？我没办法跟你一起生活下去了，有爸爸一个就够我受的了，你走！"也许这个例子有些极端，但是这种情况与分手之后给你留下伤痛的前男友十分相似。因此，你一定要努力治愈分手之后留下的伤痛。

现在我们面临的问题，只有不到10%是发生在当下的，而有90%是已经过去的事情，这些问题的产生，是因为已经过去的伤疤又再次发炎红肿了。

因此，我才让大家不要责怪对方，应该先反省自己"原来我内心有这样的伤疤"，"原来我在面对这些问题时会忍无可忍，做出激烈的反应"，"原来我不能忍受这样的行为"，这样分析出原因之后，才能解决问题。

治愈让伤痛烟消云散

怎样才能放下对前男友的眷恋，治愈那个男人留下的创伤呢？办法就是在心中美化那个男人，这样你就能放下他，忘记伤痛。那么，美化他是什么意思呢？

美化他并不是让大家在心里默念"啊，都是我的错，我都做了些什么啊"，而是希望大家可以反省"是我太沉溺于自己的想法中，以至于不能充分地理解对方"。通过这个过程，最终你会忘记自己的伤痛。将与他的关系转换成美好的画面，最终你自己的生活也会变得幸福。治愈你的伤痛之后，再与新认识的人交往的时候就不会被过去的记忆、经验和伤痛所影响。

时常有一些因为与爸爸或者妈妈的关系，抑或是其他的家庭问题而烦恼的人找到我。对于那些被父母伤害的人，我也会劝他们对父母叩谢祈祷，也许大家会认为，与父母感情不和的情况下进行这样的祈祷很困难，但是大家应该想到，父母给了你生命并把你抚养长大，这本身就值得感谢和感恩了。请不要计较父母怎样对待你，先向他们叩谢祈祷吧。

等到了而立之年或是不惑之年，你就会用另一种角度来看待你的父母了。也许你们之间矛盾不断，甚至在你的记忆中，父母给你造成了许多伤害，但是等你成年之后，你就会站在父母的立场，而不是你自己的立场来看待这些问题了。

总有一天，你会理解"原来父亲是因为失业，事事不如意才会借酒浇愁，在家乱发脾气的"。虽然不确定你小时候会怎么想，但那个时候你一定会同情你的父亲，"不知道爸爸都经历了什么，才会有如此举动"。在这样困难的情况下，父亲都没有抛弃你，没把你送进孤儿院，而是将你抚养成人，这难道不是一件值得感恩的事情吗？

妈妈也是如此，即使因为与父亲争执，大呼小叫而让你感到不安，但是在她的辛勤养育下，你才能够成为今天的你，因此只要抱着"父母对我们的养育之恩没齿难忘"的积极态度，你内心的伤痛终将痊愈。

只有治愈了与恋人之间的伤痛，再与新的缘分相遇的时候，才不会受到负面的影响，即使有影响，那也是微乎其微的。如果在与新的恋人相处的过程中，以前的伤痛再次作祟，你要知道"这是我的问题"，这样才能让新的恋情更加和谐。审视自己，认识到"原来我的内心有这样的伤痛"，是治愈自己的过程中必经的一步。

我所说的叩拜108次，其含义是让大家反省自己，千万不要误会成与男朋友分手之后只要叩谢他，而不用反思自己的问题。分手的那个人如果曾经与你相爱，在你的心里，对他一定是爱恨交织。而治愈的力量，则能够让这两种感情所产生的伤痛都烟消云散。

我们可以永远幸福下去吗

"我今年三十四岁，未婚。与其说是来咨询问题的，不如说我是专程来聆听大师的教诲的。我很好奇，在大师看来，幸福的婚姻生活到底是什么样的？"

"幸福的婚姻生活不就是幸福的生活吗？还能是什么？"

要过上幸福的生活，应该怎么做

可以说，能够幸福地生活的，就是幸福的婚姻，如果过着不幸的生活，那自然就是不幸的婚姻了。那么，想要过上幸福的生活，应该怎么做呢？方法很简单，就是适应对方。

举个简单的例子，如果你喜欢雪山，是谁在喜欢？是雪山，还是你？如果你喜欢大海，大海是被谁喜欢的呢？被你。大海从来不会回应它也喜欢你，雪山也是。人与人的关系也是如此，如果你能够理解对方，你就会心情舒畅，如果不能，你就会抑郁悲伤。

人心就是如此，相信虚无中有上帝的存在，并将此视为信仰。那么，如果我们也像相信上帝一样相信自己的男女朋友，会怎么样呢？我们的男女朋友就会变得像上帝一样。无论别人说什么，也无论别人如何诋毁自己的丈夫，都没有必要理会。我们应该首先听别人的话，还是自己的丈夫或是妻子的话呢？

但是，当有人对你说"听说你的男人是这样的"之类的话时，你还是会脸色大变。我们总是对路人甲的话坚信不疑，着实令人费解。这种情况的出现，就是因为缺乏信任。夫妻之间有尖锐对立的利害关系，缺乏信任，就是问题的症结所在。请试想一下，有一位邻居对你说了这样的话：

"听说你的男人和另一个女人从宾馆里走了出来。"

这个时候，你会有什么样的反应？

"是吗？那又怎么样？"

如果你能够这样冷静地对待，那么愤愤不平的只会是对方。对方告诉你这种令人不快的消息，也许只是因为他记恨你过着幸福的婚姻生活，因此不择手段地制造误会。比这更冷静的回答是：

"你为什么要告诉我这些话呢？你真的看见他们从宾馆里走出来了吗？你是不是嫉妒我们夫妻幸福的样子才会如此？真是个可笑的女人。"

这样就不会有任何后顾之忧，也不会再有人说闲话了。但是对方有可能依然不依不饶地煽风点火：

"你没有怀疑过什么吗？我只是担心你。我要不是把这当做自己的事儿，也不会这样了。"

对于这种喋喋不休想要制造矛盾的唠叨，最好的办法就是干脆地打断她：

"你没有必要担心，今晚等丈夫回家之后，我直接问他不就行了。"

面对这种情况，我们应该相信朋友或是邻居的话，还是丈夫的话呢？相信丈夫的话，把对丈夫的疑心扼杀在萌芽状态，这才是夫妻之道。也许有人会辩驳道，丈夫一定会说谎，因为在这种情况下又有几个人会说实话呢？这话也不无道理，但是丈夫如果愿意说谎，不也是一件值得高兴的事情吗？如果知道了事实的真相，也许夫妻关系就会当场破裂，再也没有办法一起生活下去，还不如先说一个谎，这样才能平静地过完这一天，不至于被愤怒淹没。

夫妻之间一定要具备这种名为信任的东西。现在有很多夫妻之间缺乏信任，也许有人会问这是不是爱，在我看来，这种关系就像秋风中飘零的落叶一般，碰到一点小问题就会土崩瓦解，没有钱的话要分手，甚至心情不好也不愿再跟对方生活下去。

无论如何，与你共度的三年都很幸福

请大家回想一下经常引起夫妻之间纠纷的问题。无论是男人还是女人都是自由独立的个体，难免会跟异性同学或者同事之间有一些电话联络。虽然结婚以后不能再像以前一样和异性朋友交往，但也绝不能因为结婚就断绝一切人际关系。我们选择结婚并不是为了生活在监狱里。

"亲爱的，很久没联络的大学后辈打了一个电话过来，说明天晚上有一个聚会，我也要去一下。"

"那你去吧，我在家等你，别太晚回来了。"

妻子能够这样回答期待与往日的记忆邂逅的丈夫，是一件多么让人高兴的事情啊。

"我以前不是交过一个男朋友吗，现在他遇到了一些麻烦，十分着急，该怎么办呢？"

对于妻子这样的问题，作为丈夫，也有能够展现风度的好方法。

"你去吧，我付车费。如果他遇到了什么困难，就好好安慰他，以免为了一点小事陷入忧郁之中，甚至引发什么事故。毕竟他也是你曾经爱过的人。"

我们每个人都应该试着放开心胸生活。有多少人是因为对夫妻之间的感情缺乏信心而过着单方面纠缠对方的生活的呢？这是多么不堪和不幸啊。

我很清楚大家没有办法将这种心态转化为行动的理由。但是，把心门打开并将这种心态付诸行动之后，谁会成为受益者呢？你。你的生活会变得幸福，你的家庭会变得和谐。

现在很多夫妻和恋人已经到了精神病的地步。心胸这种东西，可以狭窄到连一根针都插不进去，相反，也可以宽广到装进整个宇宙，还空空如也。请更大度地生活吧。大家并非生活在古代，而是美好的新时代，何必过着那样的生活呢？

男女之间的恋爱是自由的。如果出现了满意的对象就先约对方见面，确定喜欢以后再试着交往。无论是被对方的外貌吸引，还是被对方的性格打动，又或是看中对方良好的经济条件，都可以按照自己的想法做出选择。但是，这样的选择伴随着后果和责任。你必须要对自己的选择负责。如果努力之后发现做不到，也可以放弃。我们生活的时代，就是这样一个允许自由选择的时代。

但是，我们需要反省当遇到问题的时候，为什么我们会怨恨对方。"因为我的不足，我们没有办法继续走下去了，分手吧。"分手之后以"无论如何，与你共度的三年都很幸福"的态度积极面对，会更有帮助。这样你恋爱、结婚数次之后，朋友也会越来越多。

不要做口香糖一样的人

虽然下定决心"一定要与一个人白头到老"，但是不到三年你们就分手了。因为你对对方的要求太高，以至于对方最终无法承受这样的压力。请千万不要变成一个像口香糖一样当断不断的人，而要做一个像米饼一样干脆的人，喜欢对方就大方地说出来，如果对方也喜欢你，那么"太好了，我们相爱了"。如果你喜欢对方，对方却不喜欢你，那么就大方地说"这是你的自由，但我还是喜欢你，我会用我自己的方式喜欢你"。连山都可以喜欢，喜欢一个人又有什么错呢。

错误在于"因为我喜欢你，所以你也要喜欢我"，或是"为什么我说了三次我喜欢你，你只回答了一次呢"。如果把爱情当做交易，问题就会复杂许多。因此，无论是恋爱还是婚姻，都请不要用男女之间的感情进行交易。如果两个人能够平等地相处，打开心房，而不是斤斤计较，那么无论对方是什么样的人，都可以白头偕老，这样就能够自然地获得幸福。

大家相信通过结婚就可以获得幸福吗？当然不是。幸福需要我们亲手创造。夫妻就是两个共同生活的个体，你越想抓住什么，越容易适得其反，引发矛盾。你喜欢大酱汤，对方却喜欢泡菜汤。这个时候，你应该想："好吧，我们去吃你喜欢的泡菜汤吧，反正不管吃什么，到了肚子里都是一样的。"如果你还是想吃大酱汤，那就干脆煮大酱汤吧。对方如果抱怨自己不喜欢大酱汤，该怎么办？反正你正在做饭，随便听听就好了。

但是，如果你连抱怨都不想听，一意孤行，那么矛盾是不可避免的了。你可以扔下手中的活，对对方说："你来干吧，我就听你抱怨好了。"因为矛盾是由你引起的，如果对方发火，你只需说一声抱歉，事情就可以了结了。这样的生活才有意思。两个人生活在一起，千万不能每天吵架。只要你把心放宽，无论是恋爱，结婚还是婚后的夫妻生活，都会变得更加简单。两个人生活应该比一个人更有趣，因此人类才会从古至今以家庭为单位生活。家庭比个人更便利，更有效率。

如果大家的欲望太多，以至于夫妻之间矛盾不断，也许会得出一个人生活更舒心的结论。希望大家都可以放下欲望，以积极的态度面对生活，同时承认对方的独立性，一起过上幸福的生活。

那么无论是父母的反对还是周围人的阻止，

都不能阻挡你对爱人的信任和与他结婚的决心。

反之，你就会因为周围的反对意见而动摇、苦恼。

如果大家的欲望太多，

以至于夫妻之间矛盾不断，

也许会得出一个人生活更舒心的结论。

希望大家都可以放下欲望，

以积极的态度面对生活，

同时承认对方的独立性，

一起过上幸福的生活。

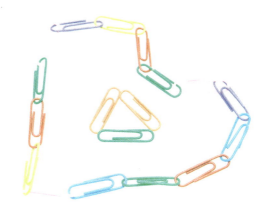

爱情也需要练习。

在爱情的练习中，不要害怕彷徨，

不要害怕失败，错了就重新来过，

有不懂的就虚心求教。

这种反复的练习

可以加深你对人性的认识，

让你成为一个更完整的人。

请先真诚地向佛祖或者上帝祷告：

"感谢您让我健康地活着，

让我有地方可去，有工作可做。"

然后开始一天的生活。

对朋友、父母、同事、丈夫或是妻子，

也请保持感恩的心，

并适时地表现出来。

学习英语、常识或是第二外语都可以，

但千万不要随波逐流，勉强自己学习。

学习并不是为了升学或是就业，

只有自己做主，出于自己的意愿

和需求的学习，才能真正为我们所用。

大家都认为

自己才是做决定的那个人，

其实并不是这样。

无论男人还是女人，

都可能因为另一个异性的出现而离开，

或者厌恶原来的伴侣。

佛曰彷徨之爱情

1.太容易说出口的绝对不会出自真心，有些时候说并不比不说更能解决问题，也不能将痛苦减缓半分。

2.世间所有的爱情居然都长着一样的面目，一半是苦难，一半是幸福。镜花和水月的影子一再重叠在我和你的身上。

3.热恋中的男女总希望二人能永远不分开，想尽一切办法要把对方绑在身边，只要一分开就感到痛苦，会用尽各种方法追踪对方的行动。虽然嘴上说是关心，其实不过是为满足自己的占有欲望，当贪念愈来愈多，多到无法满足时，我们就会因为达不到而产生痛苦，这就是为什么爱愈深，痛苦也愈深。

4.每一种创伤，都是一种成熟。

5.自恐多情损梵行，入山又怕误倾城。世间安得双全法，不负如来不负卿。

6.莫结交爱人，莫结不爱人。不见爱人苦，见憎人亦苦。

——摘自《法句经》

佛曰彷徨之爱情

1.既不回头，何必不忘。既然无缘，何须誓言。今日种种，似水无痕。明夕何夕，君已陌路。

2.一切恶法，本是虚妄的，你不要太自卑。一切善法，也是虚妄的，你也不要太狂妄。

3.一个人孤独，两个人厌倦。这样不行，那样也不行。这就是我们彷徨的人生。若想这样也行，那样也行，我们就应该做到独处不孤独，共处不厌倦。

佛说爱情：但曾相见便相知，相见何如不见时。安得与君相决绝，免教生死作相思。

4.爱情也是一种宿命。爱是因为相互欣赏而开始的，因为心动而相恋，因为互相离不开而结婚，但最重要的一点是需要宽容、谅解、习惯和适应才会携手一生的。

5.人生在世，如身处荆棘之中！心不动，人不妄动，不动则不伤。如心动，则人妄动，伤其身，痛其骨，于是体会到世间诸般痛苦。

6.一切恩爱会，无常难得久，生世多畏惧，命危于晨露。由爱故生忧，由爱故生怖，若离于爱者，无忧亦无怖。

佛曰彷徨之人生

1.行少欲者，心则坦然，无所忧畏，触事有余，常无不足。（《佛遗教经》）

2.且问你，忽然临命终时，你将何抵敌生死？须是闲时办得下，忙时得用，多少省力。休待临渴掘井，做手脚不迭，前路茫茫，胡钻乱撞。苦哉苦哉。（黄檗禅师）

3.人大忌说人长短是非，乃至一切世事非干己者，口不可说，心不可思。但口说心思，便是昧了自己。若专炼心，常搜己过，哪得工夫管他家屋里事？粉骨碎身，唯心莫动。收拾自心如一尊木雕圣像坐在堂中，终日无人亦如此。幡盖簇拥香花供养亦如此。赞叹亦如此。毁谤亦如此。修行人常常心上无事，时时刻刻体究自己本命元辰端的处。（盘山禅师）

4.学道人逐日但将检点他人底工夫，常自检点，道业无有不办，或喜或怒或静或闹，皆是检点时节。（大慧禅师）

5.深藏不露，是名持戒，若浮于外，未久必败。有口若哑，有耳若聋，绝群离俗，其道乃崇。（《西方确指》）

6.种种恶劣境界，尽情看作真实受益之处。名利、声色、饮食、衣服、赞誉、供养种种顺情境界，尽情看作毒药毒箭。（蕅益大师）

7.世之最可珍重者，莫过精神；世之最可爱惜者，莫过光阴；一念净即佛界缘起，一念染即九界生因，凡动一念即十界种子，可不珍重乎？是日已过，命亦随减，一寸时光即一寸命光，可不爱惜乎？苟知精神之可珍重，则不浪用，则念念执持佛名。光阴不虚度，则刻刻熏修净业。（彻悟禅师）

麦兜兜人格碎裂

该打工的都出去了，该回校的也差不多了，家里重新变得冷清，只是很失落，很无奈……我总在最彷徨的时候最伤心……

毒药–Drink

跌倒的时候，要能认清障碍，勇敢站起；失意的时候，要能自我检讨，再次出发；困难的时候，要能冷静分析，寻找突破；彷徨的时候，要能看清目标，不变方向。

浅墨斑驳

很茫然很彷徨，尽管自己选择了法律，可是，感觉不到对法律的情感，一学就忘，现在想起论文，我都不知道该怎么办。懒惰小人已经把勤劳小人打死好多年了，现在懒惰小人坐在勤劳小人墓碑旁，很怀念勤劳小人。

LW—Mingww

每当深夜来临，静静地想着很多事情，爱情、事业、家庭，这一两年总觉得自己越长大越孤单，好像身边的人都离自己越来越远了。也许是内心太幼稚，太天真。明日的路总会更彷徨，只有顽强。

小骚Yoismile

不想说太多，只想谢谢所有关心我的人。大家都觉得我很优秀，只有我自己知道我一直都没有全心全力地去追求。我一直在犯错，在世俗的思绪中彷徨。我想要的太多，却也不知道什么才是自己真正需要的。

m_催眠

如果时间停留在那年，我们还是那么开心，但是时间一直在走，感情一直在变，我越来越大，越大彷徨感就越浓，你还是不理解。

姜走走

一直很向往婚姻，觉得那是终极梦想，可当某人把它提上日程的时候，我却彷徨……

newraradise

其实到真正长大了，才发觉原来人的一生真的好漫长，想到以后要走的路，真的觉得好彷徨，哪里才能找到一个能相互扶持、共度一生的人呢？

世界上绝对没有免费的午餐。但是有许多人会忽略人生旅途中的练习和挑战，期望不经历失败和反复就得到结果。如果能够将失败理解为经验的积累和练习的过程而不是绝望，对每一个结果负起责任，那么无论结果如何，都能够让自己和周围的人体会到自由而幸福的人生。

——智光

在这里写下你的彷徨和迷茫吧

世界上绝对没有免费的午餐。但是有许多人会忽略人生旅途中的练习和挑战，期望不经历失败和反复就得到结果。如果能够将失败理解为经验的积累和练习的过程而不是绝望，对每一个结果负起责任，那么无论结果如何，都能够让自己和周围的人体会到自由而幸福的人生。

——智光

在这里写下你的彷徨和迷茫吧

_____

_____

_____

_____

_____

_____

_____

_____

_____

_____

_____

著作权合同登记号　桂图登字：20-2012-125号

Mentoring essay: It's Ok To Wander In Your Life

Copyright © 2012 by 법륜 智光大师 Ven Pomnyun Sunim

All rights reserved

Simplified Chinese Copyright © 2013 by GUANGXI SCIENCE & TECHNOLOGY
PUBLISHING HOUSE LTD

Simplified Chinese language edition arranged with Sigongsa Co., Ltd.
through Eric Yang Agency Inc..

图书在版编目（CIP）数据

不要害怕彷徨/（韩）智光大师著；青空译. —南宁：广西科学技术出版社，2013.5
ISBN 978-7-80763-889-6

Ⅰ. ①不… Ⅱ. ①智…②青… Ⅲ. ①佛教—人生哲学—青年读物　Ⅳ. ①B948-49

中国版本图书馆CIP数据核字（2013）第001707号

BUYAO HAIPA PANGHUANG
不要害怕彷徨

作　　者：〔韩〕智光大师	译　者：青　空
策　　划：姚越华	责任编辑：姚越华
版权编辑：李琼兰	封面设计：古涧文化
责任印制：陆　弟	责任校对：曾高兴　田　芳
责任审读：张桂宜	

出 版 人：韦鸿学	出版发行：广西科学技术出版社
社　　址：广西南宁市东葛路66号	邮政编码：530022
电　　话：010-53202557（北京）	0771-5845660（南宁）
传　　真：010-53202554（北京）	0771-5878485（南宁）
网　　址：http://www.ygxm.cn	在线阅读：http://www.ygxm.cn

经　　销：全国各地新华书店	
印　　刷：北京尚唐印刷包装有限公司	邮政编码：100162
地　　址：北京市大兴区西红门镇曙光民营企业园南8条1号	
开　　本：880mm×1240mm　　1/32	
字　　数：100千字	印　张：7
版　　次：2013年5月第1版	印　次：2013年6月第2次印刷
书　　号：ISBN 978-7-80763-889-6	
定　　价：29.80元	

青春，就是用大把的时间彷徨
用几个瞬间成长

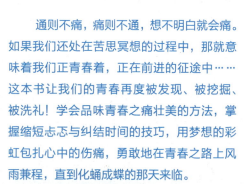

通则不痛，痛则不通，想不明白就会痛。如果我们还处在苦思冥想的过程中，那就意味着我们正青春着，正在前进的征途中……这本书让我们的青春再度被发现、被挖掘、被洗礼！学会品味青春之痛壮美的方法，掌握缩短忐忑与纠结时间的技巧，用梦想的彩虹包扎心中的伤痛，勇敢地在青春之路上风雨兼程，直到化蛹成蝶的那天来临。

——幸福力导师 高级国际职业培训师 夏青

（原中央电视台《焦点访谈》、《今日说法》栏目资深记者，《半边天》栏目主编）

与被发现网一起，发现自己，发现青春，穿越彷徨，写下自己的彷徨，晒出自己的心情，并@阳光秀美 @夏青-幸福力导师，就有机会获得夏青老师以及被发现网一对一个性简历指导以及职业规划咨询服务，帮你发现自己，发现青春，穿越年少的彷徨……